인공지능
AI공존
패러다임

힘든 노동은 인공지능에게

행복한 일과 삶은 인간에게

인공지능 시대 서바이벌 리포트

인공지능 AI공존 패러다임

김송호

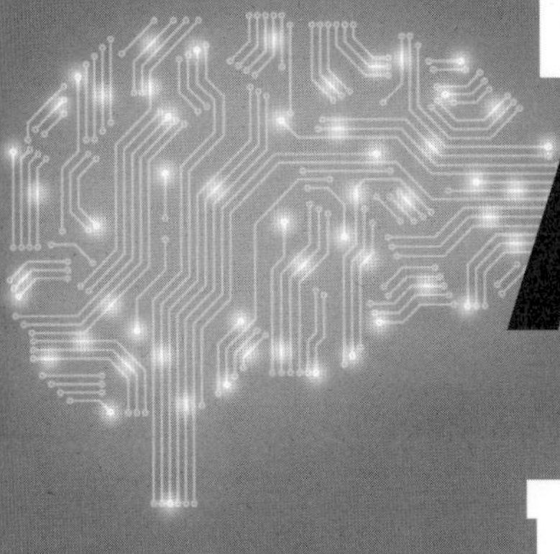

인공지능과 인간이 함께 사는 공존의 패러다임을 모색한다.

프롤로그

인공지능 시대,
공유와 상생을 통해 공존을 모색한다

애플 PC를 처음 접한 것은 1990년대 초 동양시멘트 삼척공장에서 근무할 때였다. 당시 공장에서 이 컴퓨터에 관심을 갖고 있는 사람이 없어서 결국 내가 그 컴퓨터를 갖고 놀게 되었다. 나는 그 PC를 이용해서 급여 계산 프로그램을 작성했다.

당시 삼척공장 직원이 1,000명 정도 되었는데, 급여 계산을 하려면 인사과와 경리과 직원 10여 명이 거의 일주일 동안 잔업을 해야만 했다. 그런데 내가 짠 급여 계산 프로그램으로는 단 하루 만에 계산과 함께 급여 봉투 인쇄, 급여 내역 프린트까지 다 끝낼 수 있었다. 나는 이 프로그램을 짠 덕분에 회사로부터 표창장을 받기까지 했다. 나는 표창장도 중요했지만, 인사과와 경리과 직원 10여 명이 1주일간 고생하는 것을 끝내줬다는 것이 더 자랑스러웠다.

그런데 아뿔싸! 나는 나중에야 내가 경리과와 인사과 직원들 고생을 덜어준 게 아니라, 큰 손해를 끼치는 일을 했다는 사실을 알게 되었다. 경리과와 인사과 직원들은 매달 급여 계산으로 잔업을 하면서 적잖은 수당을 받았는데, 내가 급여 계산 프로그램을 짜는 바람에 그 수당이 날아가게 되어 결국 급여가 깎이게 되었다. 인사과와 경리과 직원들이 나에게 대놓고 불만을 털어놓지는 않았지만, 한동안 그들의 냉대를 받아야만 했다.

인공지능이라고 할 것까지는 없지만 컴퓨터의 도입으로 많은 사람들이 일자리를 잃는 상황이 발생했다. 8비트짜리 PC 한 대로 짠 프로그램으로 인해 10여 명의 급여가 깎일 정도이니 은행처럼 수작업으로 하던 계산을 컴퓨터로 대체하면서 얼마나 많은 인력이 감축되었겠는가. 다행히 내가 짠 프로그램으로는 인력 감축이 되지는 않았고, 오히려 애플 PC 한 대로 만들어진 전산실(내가 전산실장 겸직을 했다)에 인력 한 명을 채용했으니 오히려 일자리를 늘리는 효과를 보기도 했다.

내가 짠 단순한 컴퓨터 프로그램으로도 일자리가 감소했지만, 인공지능이 일자리에 미칠 영향은 그에 비할 수 없을 정도로 크다. 실제로 인공지능 시대하면 떠오르는 것이 일자리가 줄어들지 않을까 하는 걱정이다. 인공지능 시대가 되면 어떤 세상이 될 것이라는 전망이나, 인공지능이 인류를 멸망으로 몰고 갈 것이라는 염려는 막연한 문제지만, 일자리 문제는 우리 피부에 직접 와 닿는 문제다. 인공지능의 혜택은 서서히 다가오겠지만, 인공지능에 의한 일자리 감소는 이미 실감하고 있다. 인공지능이 개발되던 초기에는 주로 인간 능력의 한계를 보완해 주는 기능이 주를 이루었지만, 점차 인간의 역할을 대체하는 방향으로 진전이 되면서 인간이 인공지능에게 밀려나는 게 아니냐 하는 우려를 낳고 있다.

인공지능 개발 초기에는 데이터를 분석해서 논리적인 결과를 빨리 내놓아 인공지능이 인간의 업무 효율을 높이는 역할을 하고, 심해 잠수나 위험한 작업을 대신하는 역할을 함으로써 인간의 일자리 영역을 넓히는 역할을 수행했다. 하지만 최근에는 주식의 매매 시기를 결정하거나 환자를 진료하고 수술을 시행하기도 하고, 법률 검토를 빠르게 수행하는 등 인간의 전문 영역으로 여겨졌던 분야에도 활동 영역을 넓힘으로써 인간의 일자리가 위협받는 상황이 발생하고 있다.

세계적인 전문가들이 2014년 '인공지능 100년 연구(AI100)'라는 연구단을 구성하고 내놓은 보고서에서도 "인공지능이 인간 노동을 확장하거나 대체함에 따라 사회의 기존 틀을 깰 것이기 때문에 둘 사이에서 균형을 잡는 것이 중요하다"고 지적하고 있다.

●

몇 년 전에 잠시 동안 헤드헌터로 일한 적이 있다. 그 사실을 안 주위 엔지니어들이 퇴직을 앞두고 새로운 일자리를 찾아달라고 부탁하는 경우가 많았다. 전직 부탁을 하는 엔지니어 중에서 가장 안타까운 경우는 40대 부장급 대기업 연구원들이었다. 이들 박사급 연구원 대부분은 석사와 박사 학위를 마치고 서른 살 넘어서 대기업 연구소에 취업했을 것이다. 20년 넘게 공부하고 힘들게 대기업에 취업하고 나서 20년도 채 근무하지 못하고 퇴출 위기에 내몰린 것이다.

자신은 회사를 위해서 열심히 일했는데, 왜 회사가 자신을 내치는지 모르겠다는 이들의 하소연을 들을 때면 가슴이 먹먹해졌다. 이들을 내쳐야 하는 기업의 사정도 이해갔지만 한창 활발하게 연구 활동을 할 수 있는 나이이면서, 자녀 학자금 등 재정적 부담도 큰 시기에 퇴직으로 내몰린 이들의 사정을 들으면서 안타까움을 넘어 분노를 느꼈다.

나를 더욱 안타깝게 만든 것은 빼어난 스펙을 갖췄음에도 불구하고 이들을 위한 새로운 일자리가 없다는 사실이었다. 이들의 이력서를 들여다보면서 왜 미리 대비하지 못했느냐 하는 안타까운 마음이 들기도 했다. 과거엔 기업들이 지속적으로 확장을 했기 때문에 인원과 조직이 늘어나면서 자연스럽게 자리가 늘어나 정년까지 무난히 근무할 수 있었다. 하지만 지금은 대부분 기업에서 연구원들이 승진하는 속도만큼 자리가 늘어나지 않아 잉여인력을 내보낼 수밖에 없는 실정이다.

이런 상황은 부장급으로 진급할 때와 부장에서 이사급으로 진급할 때 가장 심하게 나타난다. 부장급과 이사급이 맡는 자리가 급격하게 줄어드는데, 매년 일정한 인원이 치고 올라오니 능력에 상관없이 일부를 내보내야 하는 상황인 것이다. 문제는 이런 상황이 갑자기 일어나는 게 아니라 매년 승진 때면 일어나는 일이라는 점이다. 선배들의 경우를 눈여겨보았더라면 충분히 대비할 수 있는 일이었는데도 불구하고 아무런 대비도 하지 않다가 막상 퇴직을 당하게 되어 우왕좌왕하니 안타깝다는 얘기다.

●●

새로운 일자리를 찾는 경우라던가, 자신의 앞날의 위기를 예견해 나를 찾아온 엔지니어들에게 나는 커리어 컨설팅을 겸해 몇 가지 조언을 해주곤 했다.

첫째, 지금의 위기를 고맙게 생각하라고 조언했다.

만약 동료들과의 경쟁에서 이겨 승진을 하더라도 결국에는 연구소장 한 자리를 놓고 선후배와 치열하게 경쟁해야 한다. 설사 연구소장이 되더라도 정년까지 일하는 것은 불가능하기 때문에 한 살이라도 젊었을 때 커리어 전환을 생각하게 해준 지금의 위기를 고맙게 생각하라는 것이다.

연구원 신분으로 연구만 계속할 수 있다면 좋겠지만, 피라미드형 조직의 속성상 위로 올라갈수록 자리가 줄어들기 때문에 경쟁에서 탈락할 가능성이 높아진다는 사실을 인정해야 해결의 실마리를 찾을 수 있다.

모든 연구원이 줄어든 일자리를 나누어 가질 수 없기 때문에 대다수의 연구원은 연구 이외의 업무로 전직을 하는 게 당연하다. 실제로 기술 영업, 생산 현장, 구매부서, 신규 사업부 등에서 연구원들이 얼마든지 능력을 발휘할 수 있는 기회가 있다.

둘째, 만약 전직을 하려고 한다면 그에 맞춰서 미리 준비를 해야 한다고 조언했다.

대기업 연구원들은 중소기업으로는 쉽게 이직을 할 수 있을 것으로 생각하는 경향이 있다. 급여 등 눈높이 수준만 낮춘다면 자신의 스펙으로 중소기업에는 얼마든지 재취업할 수 있다는 생각을 갖고 있다. 하지만 중소기업으로의 이직이 쉽지도 않지만, 설사 이직을 했다 하더라도 적응하지 못할 가능성이 상당히 높다. 그 이유는 중소기업과 대기업은 업무 환경에서 큰 차이가 나기 때문이다.

대기업에서는 자신이 맡은 일만 하면 되지만, 중소기업에서는 여러 가지 일을 수시로 닥치는 대로 처리해야 한다. 대기업이 시스템으로 움직이는 데 반해, 중소기업에서는 오너 중심으로 인적 네트워크를 통해 움직이는 조직이기 때문이다. 중소기업으로 전직을 하려면 이런 업무 환경 차이를 이해하고 그에 따른 대비를 미리 해야 한다.

서두에 직장인들의 극히 일부에만 해당하는 대기업 연구원의 이직 문제를 꺼낸 이유는 비슷한 일이 지금 우리 직장인들에게 일어나고 있기 때문이다.

인공지능에게 일자리를 빼앗겨 퇴직 당하는 직장인이 늘고 있다. 더 큰 문제는 이러한 현상이 이제 시작에 불과하다는 데 있다. 다보스포럼의 클라우스 슈밥이 주창한 4차 산업혁명이 본격적으로 시작도 되지 않았는데 벌써 일자리 문제로 전 세계가 휘청거리고 있으니, 앞으로 4차 산업혁명이 본격화하면 일자리 문제는 점점 더 심각해질 것이다.

●●●

'4차 산업혁명'이라는 용어 대신에 '인공지능 시대'라는 용어를 선택한 이유가 있다.

첫째는 '4차 산업혁명'이라는 용어가 한국에서는 크게 어필하고 있지만, 세계적으로는 그리 큰 호응을 받지 못하고 있기 때문이다.

둘째는 클라우스 슈밥이 3차 산업혁명 시대라고 명명한 1960년대 이후에 컴퓨터, 인터넷, 자동화로 이미 일자리 문제가 시작되었기 때문이다.

21세기에 시작된 4차 산업혁명이 본격화하면 일자리 문제가 더 심각해지겠지만, 3차 산업혁명까지 포함해서 일자리 문제를 따져본다는 의미에서 '인공지능 시대'라는 용어를 선택한 것이다. 즉 인공지능 시대는 3차 산업혁명과 4차 산업혁명을 모두 아우르는 시기를 말한다.

연구원들이 퇴직에 내몰리기 전에 내가 그들에게 미래의 상황을 미리 알려주고, 그에 맞춰 대비할 수 있도록 도움을 줄 수 있으면 얼마나 좋을까 하는 생각을 하곤 했다. 하지만 그들을 한꺼번에 모아 교육할 수 있는 기회를 만드는 것은 녹록하지 않은 일이라, 생각만 하고 실천을 하지 못했다. 그래서 나를 찾아오는 일부 연구원들에게만 커리어 컨설팅 식으로 조언을 해주다가 헤드헌터를 그만두면서 그 고민도 잊고 말았다.

최근에 직장인들이 인공지능 시대를 맞아 일자리를 잃게 되는 상황에 처했다는 사실을 깨닫고 나서 그들에게 조금이나마 도움을 줄 수 있으면 얼마나 좋을까 하는 생각을 다시 하게 되었다. 왜냐하면 인공지능 시대를 맞아 직장인들이 막연하게 위기를 느끼고 있지만 어떻게 대비해야 하는지에 대해서는 아직 속 시원한 해결책이 없기 때문이다.

인공지능 시대의 직장인들의 위기에 대한 해결책을 찾아보고자 관련된 책들을 읽어봐도 인공지능 시대에 돌입하면 어떤 신기술이 언제 개발되고 실용화될 것이라는 예측이 대부분이었다. 그래서 직장인들에게는 이런 신기술에 대한 예측보다는 인공지능 시대에 대한 패러다임 이해가 훨씬 더 중요하다는 생각이 들었다.

이 책은 인공지능 시대를 조망하고 그 패러다임 속에서 개인이 생존, 공존할 수 있는 지점을 모색하자는 생각으로 집필한 것이다.

●●●●

한국 정부에서 내놓고 있는 인공지능 시대에 대한 대책을 보면, 하드웨어적인 기술 개발에 집중하면서 소프트웨어적인 측면, 다시 말해 인공지능 시대의 새로운 패러다임 전환에 대해서는 소홀히 하고 있다.

기술 혁신이 새로운 시대로의 전환에 핵심적인 역할을 하는 것은 맞지만, 새로운 시대에 대비하려면 기술 혁신 못지않게 패러다임의 혁신도 중요하기 때문이다. 그런 관점에서 보면 한국 정부가 기술 개발이 인공지능 시대에 대한 대비책의 전부인 양 내세우는 것은 바로잡아야 할 문제다.

이 책의 목적은 인공지능 시대의 기술적인 전망보다는, 새로운 패러다임을 소개하는 데에 있다. 특히 직장인들에게 가장 중요한 일자리 문제와 연관된 패러다임 변화에 대해 살펴보려고 한다.

농경사회의 일자리와 산업사회의 일자리 개념이 달랐듯이, 인공지능 시대에서의 일자리도 분명히 산업사회의 일자리와는 그 개념이 다르다. 직장인들이 인공지능 시대의 패러다임에 맞게 자기계발을 해야 하는 것이 당연하지만, 산업사회에 맞춰서 확립된 정부 정책, 사회 체제, 교육 방법 등도 인공지능 시대에 맞게 바꾸도록 하는 것도 그에 못지않게 중요하다.

그렇다면 직장인들이 인공지능 시대에 닥친 위기를 어떻게 해야 극복할 수 있을까?

결론부터 말하자면, 인공지능을 내 일자리를 뺏는 경쟁자로 생각하지 말고, 인공지능을 동반자로 생각하고 잘 활용할 수 있도록 하는 것이 근본적인 해결책이다. 즉 인공지능을 우리 일자리를 빼앗는 적으로 생각하지 말고, 우리 일을 효율적으로 할 수 있도록 도와주는 협력자로 생각해야 한다는 의미다.

이제까지 직장인들이 해왔던 업무를 잘 살펴보면 인공지능이 효율적으로 수행할 수 있는 부분과 인간만이 할 수 있는 부분으로 구분할 수 있다. 인공지능이 잘할 수 있는 부분은 인공지능에게 과감하게 넘기고, 직장인들은 인간만이 할 수 있는 일을 찾아내서 능력을 발휘하도록 해야 한다. 인공지능을 협력자로 생각하고 어떻게 활용할 수 있느냐에 초점을 맞출 때 직장인들이 진정으로 인간다운 행복한 삶을 누릴 수 있는 길이 보이리라 확신한다.

물론 직장인들이 인공지능을 협력자로 생각한다고 해서 모든 문제가 해결되는 것은 아니다. 일자리가 곧 생계를 유지하는 수입원이었던 상황이 개선되지 않으면 안 된다. 그러기 때문에 산업사회의 패러다임을 버리고 인공지능 시대의 새로운 패러다임에 맞는 새로운 사회 시스템을 만드는 것이 선행되어야 한다. 사회 전체적인 시스템은 서로 맞물려 있기 때문에 부분적으로 어느 한 부분만을 바꾸는 것이 쉽지 않다. 하지만 전체적인 사회 시스템을 바꾸기 위해서는 어느 한 부분부터 시작해서 하나씩 바꿔나가야 한다. 직장인들이 인공지능 시대의 패러다임에 맞게 자기 계발을 하는 것에 못지않게 사회제도 개혁에도 앞장서야 한다고 주장하는 이유가 바로 여기에 있다.

●●●●●

한국은 현재 중국 등 후발 개도국의 추격과 경제의 저성장, 부의 양극화, 저출산과 고령화, 청년 실업 증가 등 너무나 많은 시련에 봉착해 있다. 이런 여러 가지 사회 문제는 자본주의 체제, 특히 주주 자본주의와 금융 자본주의의 폐해에 의해 발생한 문제라고 볼 수 있다. 문제는 이런 자본주의 체제를 그대로 유지한 채 인공지능 시대를 맞게 되면 이런 사회적 문제들이 더 심화할 가능성이 크다는 데 있다.

하지만 인공지능 시대에 맞게 사회적 패러다임을 바꾸고, 그에 따라 정치 체제와 사회 시스템을 바꾼다면 자본주의 폐해에 의해 나타난 다양한 사회적 문제들도 자연스럽게 해결되는 부수적인 효과도 거둘 수 있으리라 생각한다. 이게 바로 이 책을 통해 이루고 싶은 소망이기도 하다.

이 책을 통해 전달하고 싶은 가장 큰 메시지는 인공지능을 인간의 행복한 삶을 위한 도구로 만들자는 것이다.

산업사회의 패러다임으로 바라보면 인공지능이 일자리를 빼앗는 것이 되지만, 새로운 패러다임으로 바라보면 인간의 힘든 노동을 인공지능이 대신해 주는 것이 된다.

인간은 인공지능이 할 수 없는 인간다운 일에 집중할 수 있게 됨으로써 인류가 꿈꾸던 이상적인 사회를 만들 수 있다. 물론 이런 이상적인 사회를 만들기 위해서는 지금부터 그에 맞는 사회 시스템을 만들어가야만 한다. 이 책이 그런 이상적인 사회를 만드는 밑거름이 되기를 바란다.

●●●●●●

인공지능 시대에 대한 많은 원고들 중에서도 인공지능 시대의 패러다임 전환의 중요성을 인정하여 이 책을 출간하겠다고 결정한 물병자리출판사의 류희남 대표에게 감사드린다.

아울러 이 책이 나오기까지 지난한 과정을 옆에서 지켜봐주고 격려해준 아내에게도 고마운 마음을 전하고 싶다.

책을 구상하기 시작할 무렵 태어나 이제 두 돌이 갓 지난 손자가 살아갈 세상이 인공지능 덕분에 모두 행복해지는 세상이 되길 바라는 간절한 마음을 담아 이 책을 세상에 내보낸다.

2019년 1월

행복한 미래를 만드는 기술자 김송호

CONTENTS

제4장 번영을 보장하는 기업

제5장 스마트 비즈니스맨

제6장 생존을 너머서

제7장 공존을 위한 정책

에필로그

참고도서

제1장

위기의 직장인

- 현실로 다가오고 있는 직장인의 위기
- 전문직도 대체하기 시작한 인공지능
- 엎친 데 덮친 고령화 현상
- 더욱 가난해질 가능성이 높아진 직장인의 처지

헤드헌터로서 커리어 컨설팅을 하면서, 또 대학생 후배들에게 멘토링을 하면서 내가 지금 세대로 태어나지 않아서 다행이라는 생각을 많이 한다. 나처럼 타고난 끼가 별로 없고, 그저 주어진 일을 성실히 하는 사람은 산업사회에 맞춰진 과거형 인재이다. 만약 내가 지금 태어났더라면 가난한 집안 사정상 대학에서 공부하기도 힘들었을 것이고, 설사 억지로 공부를 했다고 해도 학자금 대출로 빚쟁이가 되었을 것이다. 직장에 들어갔더라도 근무하는 기업이 문을 닫는 건 아닌지, 조기 퇴직은 당하는 건 아닌지 불안해하면서 직장생활을 하고 있었을 것이다. 인공지능 시대임에도 아직 산업사회 기업에서 직장생활을 하고 있는 후배들을 보면 그들이 과연 어떻게 살아갈 수 있을 것인지 걱정이 된다.

인공지능 시대에 돌입하면서 산업사회 기업의 직장인에게 닥친 위기의 심각성이 어느 정도인지 살펴보려고 한다. 아울러 아직은 안전하다고 느끼는 전문직의 위기에 대해서도 살펴보려고 한다. 또 인공지능이 전문직에 어떤 영향을 미치고 있고 앞으로 어떤 영향을 미치게 될지 살펴볼 것이다. 이와 더불어 최근 심각한 사회 문제로 부상하고 있는 부의 양극화도 다루려고 한다. 부의 양극화 문제는 신자유주의에 의해 악화하는 측면이 있지만, 아무런 조치를 하지 않을 경우 인공지능이 이를 더 악화시킬 염려가 있기 때문이다.

현실로 다가오고 있는 직장인의 위기

동양시멘트 삼척공장에서 직장생활을 시작했다. 1980년 당시만 해도 한 번 직장에 들어가면 평생 근무하는 것을 당연하게 생각했다. 삼척은 오지 중의 오지였는데 기술자들은 삼척에서 정년퇴직하는 것을 당연하게 여겼다. 오히려 다른 기업으로 이직을 하는 것은 배신행위로 여겼다. 경쟁 회사로 이직할 경우에는 더욱 따가운 눈총을 받았다. 당시에는 건설경기가 호황이어서 근처에 시멘트 공장들이 신규로 들어서고, 중동에도 진출하던 시기라 스카우트 제의가 많았다. 알고 지내던 몇몇 기술자들은 승진과 더 높은 급여를 제안 받아 근처의 새로 짓는 시멘트 공장으로 이직했고, 일부는 중동 건설 현장까지 진출했다.

지금 관점으로 보면 이들의 이직은 당연한 일이다. 어쩌면 오히려 환영을 받을 만한 일이다. 그러나 당시 사람들의 반응은 그들을 배신자라고 성토하는 분위기였다. 8년간 삼척공장에서 근무한 후 유학을 가기 위해 그만두는 내게도 배신자라는 따가운 눈총이 따라다녔다.

지금은 평생직장을 기대하는 사람은 거의 없다. 평생직장 개념이 사라진 것은 1980년대 후반에 몰아친 외환위기 이후부터다.

외환위기 극복이라는 명분으로 시행된 구조조정으로 자신의 능력과는 상관없이 직장에서 내쳐지는 상황은 직장인들을 공황 상태로 만들었다. 평생 자신에게 편안한 안식처를 제공해줄 것이라고 기대했던 직장에서 갑자기 내팽개쳐진 사람들이나 가까스로 살아남아 자리를 지킨 사람들이나 충격이 크기는 마찬가지였다.

문제는 외환위기를 넘겼는데도 직장인들의 위기는 더욱 커지고 있다는 데 있다. 평생직장은커녕 평생직업도 없는 시대로 접어들고 있어서 위기감은 높아져만 간다. 세계 경제가 움직이는 속도는 정보화 기술의 발달과 흐름을 함께하는데 여기에 인공지능이라는 새로운 도전이 직업과 직장에 대한 개념을 새롭게 바라보게 하고 있는 것이다.

인공지능 시대에는 기존 산업사회 직장인이 수행했던 직무는 인공지능에 맡기고 끊임없이 새로운 일을 개척해나가는 게 가능하게 되었다. 평생직장은 사라졌지만 새로운 직업과 직장을 찾을 기회가 많아졌다는 뜻이다. 이는 앞으로 새로운 직장이나 직업을 찾더라도 과거처럼 단순히 자신의 과거 경력을 연장하는 정도의 노력으로는 부족하고, 인공지능 시대에 맞는 패러다임을 이해하고 그에 맞춰서 변신해야 한다는 것을 의미한다.

인공지능 시대의 직장인의 위기는 크게 두 가지 측면에서 발생하게 된다.

첫 번째는 자신이 일하는 기업이 인공지능 시대에 제대로 대응하지 못해서 문을 닫는 경우다.

멀리 인공지능 시대까지 거론할 필요도 없이 현재도 초기 산업사회 사업형태를 고집하던 조선업, 해운업, 자동차산업 기업들이 몰락하고 있다. 지금은 거제, 울산, 군산 등 지역별로 위기가 발생하고 있지만, 인공지능 시대에 제대로 대비하지 못하면 전국적으로 한꺼번에 위기가 닥칠 것이다. 이처럼 자신이 다니던 기업이 문을 닫게 되면 직장인들은 일터를 잃고 일자리를 잃게 된다. 문제는 한국 기업들이 인공지능 시대로의 전환을 제대로 이뤄내지 못하고 있어서 위기가 커질 가능성이 높다는 데 있다.

한국 기업들의 가장 큰 문제는 재벌 경영이 여전히 대세라는 점이다. 인공지능 시대의 자본은 플랫폼이나 콘텐츠 개발 등 인공지능 시대를 이끌어갈 수 있는 창의적인 분야에 투자되어야 한다. 하지만 재벌 자본은 치열한 글로벌 시장에서 한국 경제의 경쟁력을 높이기 위한 선도적 역할을 포기한 채 안방에서 큰소리치는 게 현주소다.

두 번째는 대부분의 직장인이 인공지능 시대에 필요한 능력을 갖추지 못하는 데에서 기인한다.

인공지능이 인간의 일자리를 대체하면서 일자리 수 자체가 줄어들 것이라는 위기감과 인공지능이 새로운 일자리를 창출하면서 궁극적으로는 일자리가 늘어날 것이라는 낙관적인 전망이 엇갈린다. 설사 일자리가 늘어난다고 하더라도 직장인들의 일자리 문제가 해결되는 것은 아니다. 인공지능에 의해 생겨나는 새로운 일자리는 현재의 산업사회의 일자리와는 완전히 다른 형태의 일자리이기 때문이다. 이런 일자리는 산업사회에서의 경험이나 경력은 거의 도움이 안 된다. 인공지능 시대의 일자리에 맞는 능력을 갖추기 위해서는 많은 시간과 돈, 노력을 투자해야 한다.

문제는 직장인들에게 이런 여력이 없기도 하지만, 설사 있다 하더라도 그런 능력을 키워줄 사회적 시스템이 부족하다는 데 있다. 이런 문제를 극복하기 위해 정부에서도 현재의 단순 기능교육 중심의 재교육 시스템을 재고하고 실업 급여 외의 보조 프로그램을 만들 필요가 있다.

또한 대학들도 고교 졸업생들만을 받아들여 교육하는 현재의 교육 체계를 벗어나 직장인들을 인공지능 시대에 맞도록 재교육하는 교육 프로그램을 만들 필요가 있다. 만약 대학들이 직장인들의 재교육 프로그램을 제대로 만든다면 학생 수 감소에 의한 위기를 극복하고 새로운 도약을 할 수 있는 계기를 마련할 수 있을 것이다.

인공지능 시대를 맞아 기업과 직장인 모두 인공지능 시대의 패러다임에 맞게 변해야 한다는 사실에 대해서는 누구도 부정할 수 없을 것이다.

그 과정에서 직장인들의 입장에서 가장 먼저 해야 할 일은 자신이 일하는 기업이 인공지능 시대에 맞는 기업인지, 아닌지 먼저 판별하는 것이다. 인공지능 시대에 맞지 않는 기업에 다니고 있다면, 기업을 인공지능 시대에 맞게 변화시키거나, 빨리 인공지능 시대에 맞는 기업으로 이직하는 것이 현명하다.

자신이 일하는 기업이 인공지능 시대에 맞는 기업이면 자신의 역량만 키우면 된다. 만약 자신이 일하는 기업이 인공지능 시대에 맞는 기업이 아닌데, 산업사회 패러다임에 머물러있기를 고집한다면 그만두면 되니 그 또한 비교적 쉽게 해결책이 나온다. 반면에 현재는 산업사회 기업인데, 인공지능 시대 기업으로 변신하려고 노력하는 경우에는 문제가 복잡해진다. 간단하게 결론부터 말하자면 기업을 변화시키는 일은 그리 쉬운 문제가 아니다. 아직 젊다면 어렵더라도 인공지능 시대에 맞는 새로운 직장을 찾는 게 나을지도 모른다.

전문직도 대체하기 시작한 인공지능

일자리 불안이 커지면서 의사, 변호사 등 전문직에 대한 관심이 더 커지고 있다. 산업사회에서도 전문직이 인기가 있었지만, 최근 들어 전문직에 대한 인기는 더욱 높아지고 있다. 전문직이 인기가 높은 이유는 공인된 자격을 받고 나면 배타적인 권리를 누릴 수 있기 때문이다. 전문직 중에서도 국가로부터 부여받은 배타적인 권리가 큰 법조인, 의사 등의 인기가 더 높은 이유다. 그래서 많은 부모들이 자녀가 법조인이나 의사가 되기를 바란다. 법조인이나 의사가 되면 사회적인 명예와 부를 얻을 수 있을 뿐만 아니라 정년퇴직 걱정 없이 인정적인 일자리를 유지할 수 있기 때문이다.

그렇다면 전문직은 과연 인공지능 시대에도 안전한 도피처가 될 수 있을까? 언뜻 그렇게 보이겠지만 면밀하게 살펴보면 낙관할 수만은 없을 것이다. 전문직에 진출하는 사람의 숫자는 계속 늘어나는 반면에 인구 정체

등으로 인해 전문직에 대한 수요가 줄어들면서 일자리를 걱정하는 변호사와 의사가 늘어나고 있다. 변호사 사무실이나 병원들이 임대료를 내지 못하거나 파산하는 경우도 많아졌다. 이런 경향은 앞으로 점점 더 심해질 것이다.

현재는 수요와 공급의 불균형에 기인한 불안감이지만, 인공지능 시대가 본격화하면 인공지능이 전문직 영역까지 대체하게 되어 불안은 현실로 다가올 것이다.

인공지능이 법조인의 업무를 어떻게 대체하기 시작했는지 살펴보자.

어떤 TV 프로그램에서 출연자가 판사와 법률문제로 논쟁을 했던 일화를 소개했다. 출연자 부부는 판사 부부와 저녁식사를 하면서 법률문제를 주제로 대화를 나눴다고 한다. 출연자는 해당 법률이 개정되었다는 기사를 보고 그에 대한 얘기를 꺼냈는데, 판사는 과거의 법률 조항을 들먹이면서 반박했다고 한다. 그 자리에서 해당 기사를 검색해 사실 여부를 확인하자, 그 판사가 머쓱해 했다는 것이다. 인터넷으로 무엇이든 검색이 가능한 요즘 시대에는 얼마든지 일어날 수 있는 일이다.

문제는 인공지능이 본격적으로 등장하게 되면 이처럼 간단한 지식 검색 수준을 넘어 법조인이나 의사의 전문적인 직무까지 영역을 넓힐 수 있다는 데 있다.

과거와 달리 날이 갈수록 사회변화의 속도가 빨라지면서 법률이 신설되거나 개정되는 양이 많아졌다. 법조인이 이를 모두 따라잡는 데는 한계가 있다. 앞의 예에서처럼 아무리 판사라 하더라도 모든 법률의 개정 사항을 지속적으로 파악하기가 어려운 것이다. 판결이나 변호를 위해서는 법률 조항뿐만 아니라, 과거의 판례도 알아야 한다. 이처럼 수없이 쏟아지는 법률 신설, 개정 사항과 판례를 개인이 지속적으로 파악한다는 것은 불가능하다. 또 수많은 법조문과 판례를 안다고 해도 이를 특정 사건에 정확하게 적용하는 것은 갈수록 어려워지고 있다. 설사 법률 보조 인력의 도움을 받는다고 하더라도 비용과 시간 측면에서 한계가 있을 수밖에 없다. 하지만 인공지능에게 법조문과 판례를 습득시키고, 특정 사건에 가장 적합한 법조문과 판례를 적용하도록 하는 것은 별로 어려운 임무가 아니다.

판결에도 인공지능이 적용되기도 한다. 실제로 2017년 5월 3일 자 '컴퓨터가 인간을 심판하는 날 이미 도래?'라는 한겨레신문 기사에 따르면, 미국 위스콘신주에서는 이미 법원이 재범 위험 평가에 인공지능을 활용했다고 한다. 빅 데이터와 통계 분석을 통해 피고인의 재범 가능성 등을 판별하여 판사가 형을 선고하는 데 참조했다는 것이다.

2013년 2월 체포된 에릭 루미스가 총격 사건에 사용된 차량을 주인의 동의 없이 운전하고, 경찰관의 지시에 따르지 않고 도주한 혐의에 대한 재판에서 인공지능이 적용되었다. 정보기술업체 노스포인트의 소프트웨어 '콤파스'의 비공개 알고리즘으로 측정한 루이스의 성범죄 전과 전력 등을 감안한 재범 위험성에 대한 보고서가 재판에 제출되었다. 검찰은 "콤파스 보고서는 피고인이 폭력 위험과 재범 위험이 높다는 것을 보여준다."고 주장했고, 판사도 이를 받아들여 "콤파스 평가를 통해 피고인은 공동체에 큰 위협이 되는 인물"이라며 징역 6년을 선고했다.

현재 이 논쟁은 위스콘신주 대법원을 거쳐 연방대법원에 심의 중에 있다. 위스콘신주뿐 아니라 미국의 많은 주에서 알고리즘을 '위험 평가'라고 부르며 양형 절차에 활용하고 있다. 루이스 사건에서의 재범 위험성 평가에 대한 쟁점은 '콤파스' 평가의 알고리즘에 사용된 계산 근거의 공개 여부에 모아지고 있다. 즉 인공지능이 판결에 간여하는 것은 더 이상 피할 수 없는 추세라는 것이다.

조만간 영화 〈마이너리티 리포트〉에서처럼 빅 데이터를 활용해 인간의 미래 범죄에 대해서도 인공지능이 판단을 내릴 날도 오지 말라는 법은 없다고 볼 수 있다.

이번에는 인공지능이 의료 분야에 미칠 영향에 대해 살펴보자.

의료공학의 발전은 의사의 의료 업무 수행에 도움을 주기도 하지만, 의사의 전문영역에 대해 도전하기도 한다.

환자 스스로 간편하게 당뇨를 진단할 수 있는 키트가 나옴으로써 굳이 병원에 갈 필요가 없어지고 있다. 측정된 당뇨 수치에 따라 인슐린 투입 등 처치를 환자 개인이 할 수도 있다. 물론 이러한 의료 기구에 대해서는 엄격한 인허가 절차가 필요하고, 의사의 사전 처방이 요청되는 경우가 많아 아직까지는 의사의 업무 영역이 침범되었다고 판단하는 것은 무리가 있지만 도전이 되는 건 사실이다.

인공지능의 등장은 고도의 의학 지식과 처치에도 본격적으로 영향을 미치기 시작했다. 대표적인 예로 의료 처방과 진단에서 활약하고 있는 IBM의 왓슨과 로봇 수술을 들 수 있다. IBM 왓슨은 이미 진단과 처방 면에서 숙련된 전문의에 못지않은 실력을 선보이고 있다. 왓슨은 컴퓨터 성능의 향상과 지속적인 학습 성과의 누적을 토대로 의사들에 대해 점점 더 우위를 차지할 것이다.

인간은 날로 증가하는 의학 지식을 모두 습득하기에는 한계가 있지만, 인공지능은 인간과 비교할 수 없을 정도로 의학지식을 실시간으로 습득할 수 있다.

의사 한 명이 평균 41초마다 한 편씩 출간되는 논문들을 2퍼센트만 읽으려 해도 매일 21시간을 투자해야 한다. 하지만 인공지능은 이처럼 엄청나게 쏟아지는 의학 정보를 빠짐없이 신속하게 습득하면서 능력을 계속 향상시킬 수 있다.

2016년 6월 기준 전 세계의 주요 암 병원 열다섯 곳에서 활약하고 있는 왓슨은 1,200만 쪽이 넘는 의학 논문, 300종의 의학 저널, 200권의 교재, 수천만 건의 환자 진료 기록을 수집했으며 그 숫자는 갈수록 늘어나고 있다. 따라서 인간 의사가 홍수처럼 쏟아지는 연구 자료를 따라가기 위해 한 달에 630시간 이상을 사용하는 대신에 왓슨을 활용하는 것이 엄청난 도움이 될 수 있다.

인공지능이 의료 분야에서 본격적으로 활약하면 여러 가지 파급 효과가 발생할 것이다. 인공지능이 진단과 처방을 전담하게 되면 인간 의사는 인공지능이 내놓은 진단결과와 처방내용을 검토하고, 환자에게 설명하고 상담하는 역할로 바뀌게 된다. 이렇게 되면 의사와 간호사의 영역이 겹치면서 의사의 역할이 현재의 간호사 역할에 더 가까워질 수도 있다. 더욱이 로봇 수술과 이를 이용한 원격 수술이 일반화하면 인간 의사의 역할은 더욱 줄어들게 된다.

인공지능의 대체 분야는 진단과 수술에만 국한되지 않는다. 인공지능은 동일한 환자에게 처방되는 여러 종류의 약들이 서로 반응해서 일어나는 부작용을 인간 의사보다 훨씬 더 빨리, 그리고 정확하게 알아낼 수 있다. 현재는 의사들이 서로 다른 약품을 같이 사용하면 나타나는 부작용을 알아내려면 오랜 시간을 들여 2500페이지짜리 〈의사용 탁상 편람(Physicians Desk Reference)〉 등 의료 서적을 뒤지거나, 앱 〈이포크라테스(Epocrates)〉라는 디지털 약품 참조 자료를 조회해야만 한다.

인공지능은 의사와 간호사에게만 영향을 미치는 것이 아니다. 약국과

제약 회사, 병원도 의료용 인공지능의 영향에서 벗어날 수 없다.

캘리포니아대학교 샌프란시스코 캠퍼스에 있는 한 약국에서는 약사 로봇이 활용되고 있다. 이 약국의 유일한 직원인 로봇은 지금까지 200만 건 이상의 처방전을 실수 없이 조제했다. 또한 자동로봇 TUG는 혼자 복도를 돌아다니며 붕대나 약품 같은 물건을 대량으로 옮기는 역할을 수행하고 있다. 이 로봇은 현재 140여 개 병원에서 간호사와 운반자를 대신해 매주 5만 건을 차질 없이 배달하고 있다.

인공지능 시대의 획기적인 발명품 중의 하나인 3D프린터 기술 역시 의료 서비스를 근본적으로 바꿔놓을 것이다. 쉽게 생각할 수 있는 분야로는 3D프린터로 석고붕대나 보철, 치과용 충전재 등 다양한 의료용품을 개인 맞춤형으로 설계한 후 '인쇄'하는 것이다. 3D프린터를 이용하여 의료용품을 제조하게 되면 정밀성이 높아질 뿐만 아니라, 시간이 절약되는 효과를 거둘 수 있다.

더 나아가 3D프린터가 생체 조직을 활용해 인간 장기를 인쇄하는 수준까지 도달하면 가히 의료혁명 수준까지 도달하게 된다.

앞에서 인공지능이 법조 분야와 의료 분야에 미칠 다양한 영향에 대해서 언급했지만, 이는 하나의 예일 뿐이며 인공지능은 금융, 증권, 세무, 교육 등 다른 전문 분야에서도 큰 영향을 끼칠 것이다. 인공지능이 대체하는 업무도 초기에는 단순 반복 업무에 그치겠지만, 갈수록 복잡하고 전문적인 업무로 그 범위를 넓혀갈 것이다.

인공지능 시대에는 전문가들도 일자리 측면에서는 안심할 수 없는 처지가 될 것이다. 전문가들로서는 지금까지 누려왔던 배타적인 권리를 지키기 위해 필사적인 노력을 기울이겠지만, 끝내는 자신들의 영토를 인공지능에게 내줄 수밖에 없다.

당분간은 인공지능이 전문가의 모든 업무 영역을 대체하지는 못할 것이다. 하지만 전문가가 살아남기 위해서는 인간이 할 수 있는 영역은 확실하게 지키되, 인공지능을 효율적으로 활용하는 지혜를 발휘해야 한다.

앞으로 전문가들도 인공지능을 적으로 돌리지 말고 협력자로 만들어야 살아남는 시대가 될 것이다.

엎친 데 덮친 고령화 현상

인공지능 시대를 맞아 일자리 불안에 대한 고민도 크지만, 100세 시대를 맞아 퇴직 후 어떻게 살아가야 할 것인가에 대한 고민도 만만치 않다. 앞으로 정년이라는 개념은 사라질 것이고, 설사 60세까지 퇴직을 당하지 않는다 하더라도 퇴직 후 살아가야 할 세월이 40년 가까이 남아있기 때문이다. 25세에 직장생활을 시작해서 60세에 퇴직을 하는 이상적인 경우라고 해도 직장생활 기간이 35년인데, 그보다 더 긴 기간 동안 일자리 없이 보내야 하는 상황인 것이다.

일자리 자체가 턱없이 부족했던 과거 산업화 이전 시대에 비하면 지금이 나은 게 아니냐고 반문할 수도 있다. 물론 그때에 비하면 지금이 풍요로울 수 있겠지만, 삶의 질 측면에서 더 낫다고 단언하기는 힘들다. 그래도 불안정한 일자리라도 있다는 측면에서는 현대의 직장인들이 나을 수는 있지만, 그런 일자리가 인생 후반부에 뚝 끊기고 인생 전반부와 완전히 다른 삶을 살아야 한다는 측면에서는 불리하다고 볼 수도 있다.

우리나라는 다른 나라들에 비해 고령화 속도가 너무 빨라서 미처 이에 대한 문제점을 보완할 사회적 제도를 마련하지 못하고 있다.

2000년에 이미 65세 이상 인구가 7퍼센트를 넘는 고령화 사회에 들어섰고, 2016년에는 그 비율이 14퍼센트가 넘어 완벽한 고령 사회로 접어들었다. 2026년에는 그 비율이 20퍼센트가 넘는 초고령화 사회로 접어들 것으로 예측되고 있다. 특히 최근 들어 베이비붐 세대들의 퇴직이 시작되면서 한국에서의 고령화 문제는 큰 사회적인 이슈로 떠오르고 있는 실정이다.

고령화에 따른 사회적 제도를 고려할 때 가장 많이 거론되는 문제가 부양해야 할 노인은 많아지는데 젊은이들이 줄어들면서 젊은이들의 부담이 늘어난다는 것이다. 젊은이들은 점점 더 늘어나고 노인들은 줄어들 것이라는 과거 통계 수치를 토대로 사회보장제도가 만들어졌기 때문이다. 그런데 최근에는 저출산으로 젊은이들이 더 크게 줄어들고 반대로 자연수명이 길어지면서 노인들의 인구가 급격하게 증가하여 문제가 커지고 있다. 즉 최근 저출산과 고령화가 동시에 일어나면서 문제가 더 심각해지고 있는 것이다.

그렇지만 여기서 고령화와 저출산이 정말 문제만 일으키는 현상인가에 대해서 생각해 볼 필요가 있다. 어쩌면 고령화와 저출산은 인공지능 시대의 트렌드에 나타날 수밖에 없는 현상이라고 보는 것이 타당할 수도 있다. 고령화와 저출산을 문제로만 인식하는 것은 우리가 산업사회의 관점으로만 이 문제를 바라보기 때문이다. 이미 한국 경제는 저성장 모드로 들어섰고, 인공지능 시대에 들어서면 인력이 많이 필요한 산업은 점차 사라지는 게 당연하게 될 것이다.

이런 현실 하에서는 젊은 인구가 늘어난다고 해도 그들이 일할 자리가 줄어들 것이기 때문에 높은 출산율은 오히려 부담이 될 것이다. 이미 닥친 청년 실업 문제를 보고 이런 미래 트렌드를 정확히 읽어야만 올바른 대비책을 만들 수 있을 것이다. 문제는 사회 지도층을 이루고 있는 기존의 베이비붐 세대들이 이런 미래 트렌드를 읽지 못하고 과거 산업사회의 성공신화에 빠져 있다는 점이다.

인공지능 시대가 되면 젊은이들이 해왔던 힘든 일을 인공지능이 담당하기 때문에 젊은이들이 노인보다 많아야 한다는 논리는 성립하지 않는다. 이미 인공지능에게 일자리를 빼앗긴 젊은이들에게는 아르바이트나 계약직 등 저임금 임시직만 제공되고 있다. 앞으로 이런 현상이 더욱 심해지게 될 것이라는 점을 고려할 때 젊은이들이 많아져야 한다는 인식은 바뀌어야 한다.

젊은이들이 노인들을 부양해야 한다는 산업사회의 논리는, 세계 대공황이 닥치면서 일자리가 줄어들자 나이 든 세대가 은퇴하면서 젊은 세대들에게 일자리를 양보하고, 그 대신 젊은 세대는 은퇴한 노인을 부양해야 한다는 빅딜을 통해서 만들어진 개념이다.

당시에는 은퇴한 세대들의 수명이 그리 길지 않았고, 그 숫자도 적었기 때문에 문제가 없었지만, 100세 시대를 맞이한 요즘에 그런 논리를 적용하는 것은 무리가 있다.

인공지능 시대에는 필요에 따라 만들어졌다가 프로젝트가 끝나면 일자리가 없어지는 '긱 이코노미'가 대세가 될 것이다.

젊은이들에게 안정된 일자리를 제공하지도 못하면서 무조건 젊은이들이 많아져야 한다는 주장은 기성세대들의 편견 내지 이기심에서 나오는 것이다. 이제는 젊은이들이 은퇴한 세대들을 부양하도록 할 게 아니라, 은퇴자들 스스로 자립할 수 있도록 방안을 마련해야 한다.

그나마 희망적인 사실은 산업사회에서는 나이 든 세대들이 일을 하는 게 어려웠지만, 인공지능 시대에는 나이 든 세대들이 얼마든지 일을 할 수 있는 여건이 마련된다는 점이다. 은퇴 후에는 당연히 쉰다고 생각하지 말고, 지혜를 발휘해 지속적으로 일을 해내는 능력을 키워나가야 한다.

고령화에 의한 문제를 젊은이들에게 부담을 주어 해결하자는 발상을 버리고 인공지능 시대의 강점을 살려 극복해 나가는 패러다임의 전환이 필요하다.

인공지능 시대가 되면 고령화 현상은 더욱 심해질 것이다. 왜냐하면 인공지능 시대에는 생체 센서와 인공지능 의료로봇의 발달로 인간의 수명이 길어지기 때문이다. 3D 프린터로 인공장기를 만들어내고, 암이 극복되면 고령화 추세는 점점 더 심해질 것이다. 고령화는 어찌 보면 인간 수명 연장이라는 인류의 숙원이 이루어지는 결과가 아니겠는가. 고령화가 점점 더 심해진다고 걱정할 게 아니라, 고령화에 따른 문제를 어떻게 해결할 것인가에 맞출 것인가가 더 중요하다. 인공지능 시대는 고령화 문제를 자연스럽게 해결할 수 있는 기회를 제공한다.

나이가 들어서도 인공지능의 도움을 받으면 얼마든지 일을 할 수가 있다.더 중요한 문제는 인공지능 시대에는 즐겁게 일을 할 수 있어야 한다는 것이다. 산업사회에서와 같이 생계를 유지하기 위해 싫은 일도 억지로 하는 것이 아니라, 정말 하고 싶은 일을 즐겁게 할 수 있고, 그 일을 나이 들어서도 할 수 있다면 고령화는 아무 문제가 되지 않을 것이다.

더욱 가난해질 가능성이 높아진 직장인의 처지

인공지능 시대가 본격화하면서 직장인들이 마주할 또 다른 문제는 부의 양극화로 인한 빈곤의 심화다. 인공지능을 개발하기 위해서는 막대한 자본과 강력한 네트워크가 필요한데, 자본도 네트워크도 없는 직장인들이 인공지능의 주인이 될 가능성은 거의 없다. 인공지능은 부유한 자본가에게는 무한한 부와 영향력을 더해주지만 일반인에게는 불안정, 빈곤, 실업의 나락을 보여줄 가능성이 크다.

인공지능이 제공하는 디지털 네트워킹은 경제의 가치를 더 많이 창출하고 확장하는 효과를 가져올 것이다. 하지만 그에 따른 실질적인 혜택은 부유한 소수의 자본가에게 돌아가고, 나머지 사람들은 자신들이 창출한 가치에 대한 정당한 대가를 받지 못하는 현상이 발생하게 된다. 자본가들의 입장에서는 인공지능 개발에 자신들의 자본이 들어갔기 때문에 그에 따른 이익을 자신들이 차지하는 것은 당연하다고 주장할 것이다.

자본이 기업 이익을 독차지하는 현재의 신자유주의, 주주 자본주의 체제가 인공지능 시대에도 그대로 유지된다면 자본가들은 더욱 부유해지고, 직장인들을 비롯한 일반 대중들은 더욱 가난해지는 부의 양극화가 더욱 심화할 것이다.

검색 엔진을 개발하여 무료로 제공하는 기업은 이를 이용하는 많은 사람들로부터 빅 데이터를 수집함으로써 상상할 수 없을 정도의 많은 부가가치를 가져간다. 물론 일반 소비자들이 인공지능이 제공하는 서비스 혜택을 조금은 볼 수 있지만, 부의 대부분은 빅 데이터를 제공하는 대중이 아니라 빅 데이터를 모으는 소수의 부유한 자본가들에게 흘러간다.

인류의 역사를 돌아보면 계층 간 부의 격차는 존재했고, 그 격차는 점점 커지는 양상을 보이고 있다. 자본주의 체제, 특히 최근의 주주 자본주의 체제에서는 빈부의 격차가 생길 수밖에 없다. 이미 부를 축적한 자본가는 그 부를 자본으로 활용하여 더 많은 부를 쌓고 있다. 반면에 자본이 없는 노동자는 노동력을 제공하고 임금을 받는 게 고작이어서 부의 차이는 더욱 벌어질 수밖에 없다. 게다가 신용 창출로 인한 금융자본이 거대해 지면 상위 계층에 있는 사람들이 차지하는 부의 비중이 높아지고, 그에 따라 빈부 격차가 더욱 심해진다. 부의 양극화는 최근 신자유주의가 등장하면서 점점 더 커지고 있지만, 그대로 방치할 경우 인공지능 시대에는 더욱 심해질 것으로 예측되고 있다.

인공지능의 시대의 최대 수혜자가 인공지능 기술 투자자, 대기업의 주주와 같이 자본을 소유한 사람들이 될 것이기 때문이다. 이처럼 인공지능 시대에 소수의 자본가들에게 혜택과 가치가 집중되는 현상이 나타나는 이유는 '플랫폼 효과(Platform Effect)' 때문이다.

플랫폼으로 인해 소비자들이 질 높은 콘텐츠를 무료 내지 저렴한 가격에 제공받을 수 있는 혜택을 받는 것임에는 틀림이 없다. 하지만 소비자들이 받는 혜택에 비해 소수의 자본가들에게 돌아가는 혜택은 비교 불가능할 정도로 크다.

인공지능이 일자리를 빼앗을 것인지, 또 빼앗는다면 얼마나 빼앗을 것인가에 대해서는 의견이 분분하다.

문제는 일자리가 줄어들지 않더라도 일자리도 양극화되어 중산층의 기반이 되는 중간직 일자리가 인공지능에 의해 많이 대체될 것이라는 점이다. 일자리 양극화도 부의 양극화에 일조하게 된다. 고위직 일자리와 임금이 낮은 하위직 일자리는 줄어들지 않고, 중간직 일자리만 주로 줄어들면서 직장인들도 양극화에 내몰리게 될 것이다.

인공지능에 의해 전체적으로 일자리가 줄어들거나 일부 계층의 일자리가 사라짐으로 인해 하위 계층의 부가 줄어들지 모르겠지만, 사회 전체의 부가 증가할 것이다. 물론 전체적으로 증가된 부가 한계비용 감소에 의한 소비자 가격 하락으로 GDP에 반영되지 않거나, 공유와 상생의 인공지능 시대의 패러다임에 의해 금액으로 표시되는 부는 증가하지 않을 수도 있다. 하지만 서비스 질의 향상이라든가 삶의 편의성 향상이라는 측면에서 보면 전체적인 부가 증가한다는 사실은 부인할 수 없다. 문제는 이처럼 증가되는 부를 어떻게 공평하게 나눌 수 있느냐다. 지나친 부의 양극화는 사회 안정성을 떨어뜨리면서 지속적인 경제성장을 가로막는 요인이 된다.

과거 산업사회의 신자유주의와 주주 자본주의 주장자들은 부유한 자들의 부를 늘리면, 그들의 부가 넘쳐서 가난한 사람들에게 흘러들어간다는 '낙수효과(Trickle Down) 이론'을 주장했다. 하지만 인공지능 시대에는 이런 이론이 더 이상 통하지 않는다. 인공지능 시대에는 부자들의 부가 넘쳐서 가난한 사람들에게 흘러들어가는 통로가 막히기 때문이다.

과거 산업사회의 트리클 다운 이론이 통했던 것은 부자들이 돈을 벌면, 그 돈을 다시 투자해서 생산 활동을 하게 되고, 그 결과 가난한 사람들에게 일자리가 제공되면서 임금이라는 형태로 부가 자연스럽게 흘러갔다. 하지만 인공지능 시대에는 생산 활동이 증가해도 인간 대신 인공지능이 그 일을 하기 때문에 일자리가 늘어나지 않고, 부도 흘러내리지 않는다.

부의 양극화에 의해 사회적 불평등이 높아지면 사회적 갈등이 커지고 삶의 만족감이 낮아지게 된다.

하버드 대학교 경제학자 에드워드 글레이서와 동료들도 불평등은 효율적인 통치 제도를 좀 먹고 부자와 가난한 사람 모두에게 피해를 입혀 서로 자신의 이익을 챙기려는 갈등을 야기한다고 주장한다. 부의 불평등은 다음 두 가지 방식으로 사회적 안정성을 좀 먹는다.

첫째, 가지지 못한 자들이 폭력, 정치행위 또는 다른 수단들로 소유를 재분배하려고 시도한다. 이러한 시도는 SNS를 통해 정보를 공유하기 때문에 가능성이 커진다. 이러한 폭력적인 재분배 시도는 재산권을 위협하고, 부자들의 투자를 막는다.

둘째, 가진 자들은 부를 활용해 법, 정치, 규정 등의 제도를 고쳐서 자신의 부를 더 늘리려고 한다. 막대한 정치 후원금을 내고, 뇌물을 쓰거나 로비를 통해 법적, 정치적 제도를 자신에게 유리하게 고치려고 한다. 만약 이런 노력이 통하게 되면 부의 양극화는 더 심해질 것이다. 사실 오늘날의 부자는 과거 수렵채집사회나 농경사회의 부자와는 차원이 다르다. 현재의 부는 미래의 생존을 보장하기 위해 저축하는 정도를 넘어 자신을 과시하는 수단으로서의 의미가 더 크다.

오늘날 부는 과거와 같이 창고에 쌓아놓는 것이 아니라 통장의 숫자로 표시되며, 인간의 끝없는 욕망을 채우는 수단에 불과하다. 문제는 이런 욕망 채우기가 '바닷물을 마셔 갈증 해소하려는 시도'처럼 결코 해소되지 않고 점점 더 그 증상이 심해진다는 사실이다. 부자들은 채울 수 없는 갈증에 시달리고, 가난한 사람들은 생존을 위협받게 되는 불행한 사회를 누구도 원하지 않을 것이다.

부의 양극화 문제 해결을 위해 노동경제학의 대가인 리처드 프리먼 미국 하버드대 석좌교수는 "미래에는 로봇을 소유한 자가 세상을 지배할 것"이라며 "우리는 인공지능과 로봇 기술이 모두를 행복하게 하도록 이를 나누어 소유하는 방안을 강구해야 한다."고 주장했다(한겨레 2017년 10월 18일 자 〈로봇 소유한 자가 미래 지배… 노동과 자본, 이익 공유해야〉).

프리먼 교수는 인공지능에 의한 과실을 자본과 노동이 나누는 시스템을 만들어야 하는데, 노동자에게 기업의 지분과 이익을 나누어주는 것이 가장 좋은 방법이라고 주장했다. 프리먼 교수는 자본 소유를 분산하는 방안으로, 미국 기업들이 시행 중인 노사 이익 공유제, 퇴직연금 등을 통한 종업원 주식보유제 등을 제시한다.

프리먼 교수는 노동자가 일하는 과정에서 만족감을 느끼기 위해서도 소유 분산은 필요하다고 말한다. 인간과 로봇이 함께 일하는 시대에 둘이 조화롭게 협업하는 시스템이 구축되지 않을 경우 인간이 로봇을 보조하는 부차적인 일을 하게 될 수도 있다. 이 경우 노동자가 로봇이나 인공지능 같은 자본의 소유주로서 일하고 적절한 몫을 배분받는다면 그런 부차적인 일들이 못 견딜 만큼 지루하지는 않을 것이라는 얘기다. 그 외에도 가이

스탠딩 기본소득지구네트워크 대표(영국 런던대 교수)는 전 국민에게 일정한 금액을 배분하는 기본소득을 대안으로 제시하고 있다.

현재의 제도가 그대로 유지된 채로 본격적인 인공지능 시대를 맞게 되면 부의 양극화가 더 심해지면서 사회 불안정성이 커질 것이다. 사회 불안정성이 커지면 부자와 가난한 자 모두에게 불행한 결과를 초래한다. 가난한 사람들은 더욱 가난해지며, 부자들도 사회 불안정이 심해지면서 결국 그들의 지위를 지킬 수 없기 때문이다.

부의 양극화를 방치한다면 부자들도 가난한 사람도 모두 불행하게 된다는 사실을 명심해야 한다. 부가 공평하게 분배되는 사회를 만들기 위해서는 인공지능에 의해 창출되는 부가 단순히 자본에 의해서만 만들어지는 것이 아니라는 사실에 사회 전체가 공감대를 형성해야 한다.

부를 창출하는 인공지능 그 자체는 자본에 의해 만들어질 수 있지만, 그런 인공지능이 출현하기 위해서는 전문가를 길러내는 교육, 기업이 안정되게 영리활동을 할 수 있도록 하는 정치적 시스템, 그 기업에서 일하는 근로자 등 다양한 사회적 뒷받침이 있어야만 한다.

빅 데이터를 통해 부를 창출하는 기업의 경우에는 빅 데이터를 활용하는 콘텐츠는 자본이 만들어내지만, 빅 데이터는 소비자들이 제공하고, 서버와 인터넷 등 사회 인프라는 사회에서 제공하기 때문에 소비자들과 사회에도 응분의 대가를 지불하는 것은 당연하다고 여겨야 한다.

제2장

패러다임을 장악하라

- 지식보다 콘텐츠가 중요한 인공지능 시대
- 공짜가 대세가 되는 세상
- 공유와 상생의 패러다임
- 누구를 위한 인공지능인가?

인공지능 시대가 본격화되면 어떤 변화가 일어날지에 대해 논하는 대부분의 주장들은 인공지능이 인간을 불행하게 한다는 부정적인 결론으로 귀결되고 있다. 이는 아마도 인공지능의 도래에 의해 일어날 먼 훗날의 사회 변화를 예측하는 영화나 소설들이 흥미를 유발하기 위해 인공지능을 두려운 대상으로 설정하기 때문일 가능성이 높다. 최종적으로는 인간이 승리하지만, 인간들이 인공지능에 의해 고난을 겪고, 모든 게 파괴된다는 줄거리는 인간들에게 인공지능에 대한 두려움을 심어주기에 충분하다.

인공지능 시대의 새로운 패러다임에서 가장 중요한 결론은 인공지능이 인간을 행복하게 하는 도구여야지, 인간을 일자리에서 밀어내고 인간을 불행하게 하는 도구가 되도록 해서는 안 된다는 점이다.

인공지능이 인간이 부족한 능력을 보완해주고, 또 인간이 싫지만 하는 수 없이 해야 했던 노동에서 벗어나 즐겁게 일을 할 수 있는 이상적인 행복한 세상을 만들 수 있으리라는 희망을 갖고 있다. 하지만 이런 행복한 이상적인 세상은 저절로 다가오는 필연적인 세상이 아니라 인간이 앞으로 만들어가야 하는 가변적인 세상이다. 즉 인간이 어떻게 하느냐에 따라서 이상적인 행복한 세상을 만들 수도 있고, 인간이 불행해지는 세상을 만들 수도 있다.

당연히 우리가 바라는 세상은 모두가 행복한 세상을 만드는 것이다. 그러기 위해서는 인공지능 시대의 패러다임을 이해하고 현재 우리가 할 수 있는 일들을 찾아 실행해야만 한다. 행복한 세상을 만들기 위해서 어느 한순간에 큰 선택을 해야 하는 것이 아니라, 현재의 삶 속에서 작은 선택들을 무수히 해 나가야만 한다.

이번 장에서는 새로 등장하는 패러다임 변화들 중에서 중요한 몇 가지-콘텐츠, 한계비용 제로, 공유와 상생 등-만 골라 예시의 개념으로 소개하려고 한다. 이에 덧붙여 인공지능이 과연 누구를 위해 존재해야 하는가라는 근본적인 질문을 던질 것이다.

지식보다 콘텐츠가 중요한 인공지능 시대

인공지능 시대 이전에는 지식이 중요한 가치를 지니고 있었다. 물론 인공지능 시대에도 지식이 중요한 가치를 지니지만, 이전 시대와 달리 지식을 누구나 쉽게 습득할 수 있게 되었기 때문에 차별화의 요소가 되지 않는다. 영국의 철학자이자 행정가였던 프랜시스 베이컨은 “아는 것이 힘이다.”라는 격언을 통해 지식의 중요성을 설파하기도 했다.

그런데 여기서 말하는 지식은 ‘노하우(Know-How)’, 즉 문제를 어떻게 해결하느냐 하는 데 초점이 맞춰진 것이다. 농사를 짓는다든지, 제품을 생산한다든지 하는 목표가 정해져 있는 상황에서 어떻게 그 목표를 효율적으로 달성하느냐가 지식의 요체였다. 즉 무엇을 할 것이냐가 결정된 상태에서 그걸 어떻게 효율적으로 달성할 것이냐 하는 것이 경쟁력이었다. 이처럼 지식, 즉 노하우가 중요했던 이유는 누구나 지식을 가질 수가 없었고,

지식을 갖기 위해서는 많은 노력과 자본을 투자해야 했기 때문이다. 농경사회에서 노인들이 존경받았던 이유도 선대로부터 내려온 지식을 습득하고, 거기에 더해 긴 세월 동안 시행착오를 거치면서 경험을 쌓아 농사에 필요한 지식을 습득했기 때문이다.

하지만 인공지능이 등장하면서 인간은 지식 측면에서는 인공지능에 밀리는 처지가 되었다. 인공지능은 인간보다 훨씬 더 빨리, 오래 다양하고 많은 양의 지식을 습득하고 온전히 저장하며, 딥 러닝 등 기술을 통해 지속적으로 업데이트할 수 있다. 한 마디로 인간은 지식 면에서는 인공지능과 경쟁할 수 없는 처지가 되었다.

그렇다면 인공지능 시대에 직장인이 경쟁력을 갖추기 위해서는 지식 말고 어떤 능력이 필요할까?

인공지능이 할 수 없는 분야의 능력이면서 기업에 이익을 가져오는 가치를 창출할 수 있는 능력이어야 한다. 즉 산업사회에서 중요했던 어떻게(Know-How), 즉 효율을 높이는 일은 인공지능에 맡기고, 소비자에게 가치를 창출할 수 있고, 결국 그로 인해 기업에 이익을 가져올 수 있는 무언가를 만들어내는 능력(Know-What)이 필요하다. 이처럼 소비자에게 가치를 창출하면서 동시에 기업에 이익을 가져올 수 있는 능력이 바로 '콘텐츠 창출 능력'이다.

콘텐츠의 중요성과 그 힘을 보여준 대표적인 인물이 스티브 잡스이며, 그로 인해 인공지능 시대의 대표기업으로 떠오른 곳이 바로 애플이다.

애플은 창업 초기에는 지식을 기반으로 한 산업사회 기업이었지만, 스티브 잡스가 복귀한 이후에는 인공지능 시대에 맞는 콘텐츠 기업으로 변했다. 애플은 창업 초기에는 PC를 시작으로 마우스 등 다양한 하드웨어 제품을 선보였지만, 쫓겨났던 창업자 스티브 잡스가 복귀한 이후에는 아이팟에는 아이튠즈라는 콘텐츠를, 아이폰에는 앱이라는 콘텐츠를 제공함으로써 소비자들의 열렬한 지지를 얻어 성공할 수 있었다.

애플은 1976년 컴퓨터 제조회사로 출발했다. 스티브 잡스와 스티브 워즈니악이 주축이 되어 개인용 컴퓨터의 효시라고 할 수 있는 애플II를 출시하면서 주목받기 시작했다. 하지만 IBM이 본격적으로 PC 시장에 뛰어들면서 애플은 위기를 맞게 되었고, 이의 타개책으로 맥(MAC) 컴퓨터, PDA 등 차별화된 제품들을 내놓았다. 하지만 기술 위주의 제품들은 시장의 호응을 받지 못했고, 회사가 위기에 처하면서 1982년에 창업자인 스티브 잡스가 애플에서 쫓겨나는 수모를 당했다.

스티브 잡스가 축출된 이후에도 애플은 지속적인 경영난에 허덕이게 되었고, 결국 픽사의 만화영화로 성공한 스티브 잡스를 축출한 지 13년 만에 다시 영입하게 되었다.

스티브 잡스는 복귀하자마자 애플이 그 동안 진행하던 컴퓨터 관련 제품들의 개발을 중단하고, 아이팟(iPod)이라는 MP3플레이어를 내놓으면서 성공 신화를 써내려가기 시작했다. 그렇다면 스티브 잡스가 복귀 후 첫 제품으로 선택한 아이팟이 큰 성공을 거둔 이유는 무엇일까?

대부분은 아이팟의 예쁜 디자인에서 그 원인을 찾지만, 가장 큰 원인은 아이팟의 콘텐츠 때문이다. 사실 애플이 아이팟을 출시할 때 이미 음악을 재생하는 MP3 제품으로는 한국의 아이리버가 큰 인기를 끌고 있었다. 하지만 애플의 아이팟이 출시되고 나서 아이리버는 미국 시장에서 퇴출되다시피 했고, 그 여파로 전 세계 시장에서 아이팟에 밀리게 되었다. 아이리버가 아이팟에 비해 디자인이 좀 뒤쳐지긴 했지만, 아이팟의 독점적 콘텐츠가 아니었다면 그처럼 완패를 당할 정도는 아니었다.

아이리버와 아이팟의 콘텐츠는 어떤 차이가 있을까?

아이리버는 MP3의 원래 목적을 성실하게 구현한 '휴대하기 좋은 음원 저장기기'였다. 어찌 보면 아이리버는 워크맨이 장악하고 있던 음악시장을 넘겨받았다고 볼 수 있다. 워크맨이 턴테이블의 불편함을 덜어주었지만, 그래도 MP3보다는 휴대하기 불편했다. 그래서 '휴대하기 편리한' MP3플레이어가 출현하자마자 음악시장을 평정했던 것이다. 하지만 아이팟은 단순히 '휴대하기 좋은 음원 저장기기'를 넘어 '컴퓨터를 통해 인터넷에서 다운로드 받은 음원 보조 저장기기'였다.

아이리버 등 MP3플레이어 시장이 커질수록 불법적인 음원 다운로드 문제가 점차 심각해지기 시작했다. 음반이나 CD를 팔아 수익을 냈던 가수와 음반사들은 불법적인 음원 다운로드로 인해 생존의 기로에 서게 되었다. 반면에 MP3플레이어 제조사들은 불법적인 음원 다운로드 문제에 대해 무관심하거나 의도적으로 회피하는 입장을 취했다.

하지만 애플의 스티브 잡스는 아이팟을 예쁘게 디자인하는 차원을 넘어 음원 다운로드를 합법화하는 작업을 진행했다. 즉 대형 음반사들과 유료로 음원을 다운받을 수 있는 독점 계약을 맺고, 애플이 개발한 아이튠즈라는 프로그램으로만 합법적으로 음원을 다운받을 수 있도록 했다.

그리고 다른 프로그램으로 불법 무료 다운로드를 받으면 법적인 처벌을 받도록 만들었다. 합법적으로 음원을 다운로드 받으려면 아이튠즈를 이용해야만 하고, 아이튠즈를 이용하여 다운로드 받은 음원은 아이팟으로만 옮길 수 있으니 아이팟이 자연스럽게 시장을 독식하게 된 것이다.

아이팟의 경우에서 보는 것처럼 콘텐츠의 힘은 이처럼 막강하다. 이제 제품을 아무리 멋지게 만들어도 콘텐츠가 없으면 시장에서 도태되는 시대가 되었다. 아이팟의 등장 이후 아이리버가 아이팟에 못지않은 멋진 디자인의 제품을 만들었는데도 불구하고, 아이튠즈 같은 콘텐츠를 만들어내지 못해서 시장에서 퇴출되는 수모를 당했다. 이는 단순히 아이리버에 한정된 문제가 아니라, 제품 제조 위주의 패러다임에 젖어있는 한국기업들 전체의 문제이기도 하다. 아이팟의 성공 이후에 콘텐츠의 위력을 파악하지 못하고, 아이팟의 성공이 디자인 때문이라고 잘못 이해했던 삼성전자 등 한국의 대기업들이 아이팟보다 훨씬 기능과 디자인이 뛰어난 제품을 시장에 내놓았지만, 역시 실패하고 말았다.

산업사회에서는 선발주자를 따라서 빨리 싸고 품질 좋은 제품을 만들면 되었기 때문에 후발주자들에게도 성공의 기회가 주어졌다. 과거 후발주자였던 한국이 초고속 경제성장을 이룩했던 가장 큰 원동력이 선진국 '빨리 따라 하기(Fast Follower) 전략'이었다. 하지만 차별화된 콘텐츠가 기업의 운명을 좌우하는 인공지능 시대에는 후발주자들이 콘텐츠를 단순히 베껴서는 선발주자를 따라갈 수 없다.

아이팟에 이어 애플의 성공 신화가 지속되도록 만들고 있는 아이폰도 새로운 콘텐츠 때문이라고 말할 수 있다.

그렇다면 애플 아이폰의 콘텐츠는 무엇인가?

물론 아이폰의 성공 요인에 하드웨어적 개선 효과를 무시할 수는 없지만, 가장 큰 요인은 앱 스토어를 통한 사용자와의 수평적 네트워크 형성이다. 아이폰 사용자들을 단순한 고객이 아니라 애플과 동등한 파트너로 느끼게 해주는 역할이 앱 스토어의 콘텐츠였다. 블랙베리 등 기존에 대세를 이루던 핸드폰에서 버튼을 없애고 터치식으로 만들었다든지, 모양을 예쁘게 만들었다든지 하는 하드웨어적인 개선보다는 앱 스토어라는 새로운 콘텐츠가 소비자들을 애플의 추종자로 만들었다.

공짜가 대세가 되는 세상

얼마 전만 해도 기술 관련 논문을 실은 잡지를 구독하는 데 많은 비용이 들었다. 논문 한 편 복사하려고 해도 대학 도서관이나 전문 기관에서 직접 찾거나 복잡한 과정을 통해 복사 의뢰를 해야만 했다. 전문 기관의 경우에는 몇 백만 원의 보증료를 내고 회원 가입을 한 다음, 논문 한 편당 몇 만 원의 비용을 지불하고 복사를 의뢰해야만 했다. 복사된 논문은 복사기의 성능이 별로 좋지 않아 선명하지도 않았고, 복사물을 받는 데도 며칠을 기다려야만 했다.

하지만 지금은 어떤가? 대부분의 논문은 인터넷으로 검색하고 필요하면 바로 프린트로 인쇄하면 된다. 인쇄하기보다 파일 형태로 다운로드 받아 보관하는 경우도 많다. 아직도 일부 학회는 회비를 납부한 회원들에게만 논문 서비스를 제공하지만, 그 회비도 과거에 논문 한두 편을 복사하는 정도의 수준에 불과하다.

음악의 경우도 마찬가지다. 과거에는 가수의 주 수입원이 레코드판, 테이프, CD 등 노래를 수록한 제품을 판매하여 얻는 수익금의 일부를 받는 것이었다. 하지만 인터넷이 일반화하면서 음악이 무료로 제공되는 경우도 많다. 본격적인 시작은 음악 파일을 공유하도록 한 냅스터(Napster)였다. 물론 음반사의 제소에 의해 냅스터가 문을 닫는 바람에 음악의 무료화는 보류되기는 했지만, 그 추세는 결코 막을 수 없었다.

한국에서도 '한국의 냅스터'라 불리는 소리바다가 냅스터와 마찬가지로 음악을 무료화 했는데, 법원에 의해 서비스가 중지되었다. 이런 문제를 해결하기 위해 애플의 스티브 잡스는 음반사를 설득해 아이튠즈를 통해 음악을 저렴하게 다운로드 받을 수 있도록 했다. 인공지능 시대의 무료화와 산업사회의 유료화가 절충을 통해 해결점을 찾은 것이다. 서비스의 무료화 추세는 음악에 한정되지 않는다.

스카이프는 장거리 전화를 무료화 했고, 크레이그스리스트(Craigslist)는 구인, 구직 등 소광고를 무료화 했다. 무료로 제공되는 '위키피디아'는 브리태니커 백과사전을 사라지게 했다. 내비게이션도 이제는 스마트폰에서 무료로 제공되는 서비스가 되었다.

그 뿐만이 아니다. 1980년대에는 상당한 비용을 지불해야만 했던 고급 기술들이 이제는 스마트폰의 기본 사양이 되어 무료로 제공되고 있다. 대표적인 고급 기술로는 카메라, 캠코더, 내비게이션, GPS, 정보검색, 음악서비스, 손전등, 심전도 검사, 오락실, 녹음기, 지도, 계산기, 시계 등을 들 수 있다.

30년 전에 이런 기기들을 모두 보유하려면 수천 만 원이 들었을 것이다. 하지만 오늘날 이런 서비스는 무료거나 스마트폰 앱 형태로 이용할 수 있게 되었다.

인공지능 시대에 접어들면서 특히 정보재가 무료화 하는 경향이 커지고 있다. 그 이유는 정보재 자체가 일단 생성되고 나서 복사되거나 다른 사람에게 건너갈 때 비용이 거의 들지 않기 때문이다. 원리상으로는 정보재의 경우에는 얼마든지 무료 제공이 가능하다.

인공지능 시대에는 정보재뿐만 아니라 일반 재화도 한계비용이 떨어지기 때문에 점차 가격이 낮아진다. 산업사회에서 일반 재화를 생산할 경우에는 시설 투자비뿐만 아니라 운영비가 있기 때문에 아무리 대량생산을 하더라도 가격을 낮추는 데는 한계가 있었다. 하지만 인공지능 시대에는 운영비 중에서 큰 비중을 차지하는 인건비가 거의 들지 않고, 로봇 등 생산에 들어간 설비가 반영구적이기 때문에 원료비를 제외한 나머지 비용은 거의 제로에 가까워진다.

산업사회에서도 로봇을 생산에 사용했지만, 운영에 상당한 경비가 들었다. 산업사회 로봇의 경우 프로그래밍, 훈련, 유지에 드는 비용은 구입비의 네 배에 달하기 때문에 로봇의 평균 수명 동안 드는 비용은 구입비의 다섯 배를 넘는다. 하지만 인공지능 시대의 로봇은 가격도 산업사회 로봇에 비해 낮을 뿐만 아니라, 딥 러닝 등을 통해 스스로 작동하는 법을 배우고 수정해 나가기 때문에 운영비용이 거의 추가되지 않는다.

인공지능 시대에 한계비용이 제로에 가까워지도록 하는 요인 중에는 기술의 발전에 의한 원가 하락도 한몫을 차지한다. 반도체 기술의 발전으로 20년 전에는 1기가바이트를 저장하는 비용이 1만 달러를 상회했지만, 현재는 연평균 0.03달러에도 미치지 않는다. 하드웨어의 급속한 발전에 힘입어 2014년 1월 미국 일루미나 사는 단 30시간 만에 1000달러 미만의 비용으로 유전 정보를 해독할 수 있는 유전체 분석 기계를 출시했다. 이런 발전 속도라면 앞으로 5년 이내에 30분 안에 10만 원 미만의 비용으로 유전자 분석이 가능한 세상이 올 것으로 보인다.

인공지능 시대의 대표적인 발명품인 3D 프린터는 운송비를 들이지 않고도 주어진 정보만으로 맞춤형 제품을 제조할 수 있다는 장점이 있다. 온라인 공동체 위키하우스에서 설계한 집을 인쇄해 조립하는 데는 5만 파운드(약 8,000만 원)도 들지 않는다. 3D 프린터의 진가는 우주 공간 등 운송비가 많이 드는 곳에서 더 빛나게 된다. 우주 정거장 수리에 필요한 부속품은 지상에서 우주 공간으로 운반하는 데도 비용이 많이 들뿐만 아니라, 언제 쓰일 지도 모르면서 재고를 확보해야 하는 문제가 있다. 하지만 3D 프린터를 사용하면 원하는 제품을 원하는 때에 제조할 수 있기 때문에 비용을 획기적으로 낮출 수 있다.

특히 3D 프린터 가격 자체가 획기적으로 낮아지면서 그 효과는 더욱 커질 것으로 예상된다. 2002년 스트라타시스(Stratasys)는 3만 달러인 '저가형' 3D 프린터를 최초로 시장에 내놓았다. 하지만 요즘에는 '고품질' 3D 프린터도 1500달러면 구입할 수 있게 되었다.

인공지능이 비용을 낮추는 분야로는 중개인이 필요한 전문 분야도 빼놓을 수 없다. 중개인을 밀어내고 프로세스를 압축하게 되면 효율성과 생산성이 극적으로 높아지면서 한계비용이 제로 수준으로 떨어지게 된다.

스마트폰의 동영상 촬영 기술과 음성녹음 기능이 획기적으로 향상된 덕분에 일반인들도 자신의 동영상을 곁들인 노래를 유튜브 등의 사이트에 올려 유명해지는 기회를 가질 수 있게 되었다.

물론 지금도 음원 녹화 서비스를 제공하는 음반제작사의 역할이 완전히 없어진 것은 아니지만, 독점적인 지위를 누리지 못하고 있는 것만은 사실이다. 그러다보니 음반제작사들은 단순히 가수를 선발하고 음원을 녹화해 판매하는 차원을 넘어 아이돌 가수 등을 발굴하여 훈련시키고 마케팅을 기획하는 역할로 변모하고 있다.

책을 출간하는 경우에도 과거에는 출판사의 영향력이 절대적이었지만, 전자책이 나오면서 저자가 직접 책을 출간할 할 수 있는 기회가 넓어지고 있다. 출판사를 통해 책을 내는 경우에는 기획, 편집, 출판 등에 기본적인 비용이 들지만, 전자책의 경우에는 비용이 거의 들지 않는다.

이렇게 되면 재화와 서비스의 생산 및 유통이 거의 공짜에 가까워지게 될 것이다.

이처럼 한계비용이 제로에 가까워지면 이윤을 추구해야 하는 기업들은 어떻게 해야 생존할 수 있을까?

기업은 이윤이 없으면 생존할 수 없기 때문에 한계비용이 제로가 된다고 하더라도 재화나 서비스를 무상으로 제공할 수는 없다는 고민을 갖고 있다. 하지만 기업이 이윤을 추구하기 위해 한계비용이 제로에 가까워지고 있는 트렌드를 무작정 무시하는 것도 곤란하다. 현재는 인공지능에 의해 한계비용이 낮아지는 효과를 대부분 기업이 차지하고 있지만, 결국에는 기업에도 부메랑으로 돌아오게 될 것이다.

한계비용 제로화는 결국 기업에서 일하는 직장인들의 경우에도 과거처럼 단순히 하드웨어를 개발하는 것만으로 할 일이 끝나지 않는다는 것을 의미한다.

구글처럼 뛰어난 검색 엔진을 개발했다하더라도 그 검색엔진은 무료로 제공되기 때문에 그 자체로는 기업 이윤을 창출할 수가 없다. 직장인들은 검색엔진을 개발하는 능력뿐만 아니라, 그 검색엔진을 활용해 기업 이윤을 창출해야 하는 능력도 갖춰야 한다. 무료로 제공되고 있는 카카오톡이 이윤 창출을 위해 추진 중인 카풀 서비스가 택시업계와 갈등을 보이며 반발을 사고 있는 것도 이윤 창출의 어려움을 상징적으로 보여주고 있다.

인공지능 시대 선두기업들이 한계비용 제로 트렌드를 따르면서도 기업 이윤을 추구하는 방법으로는 크게 두 가지를 들 수 있다.

첫째는 겉으로 보이는 서비스는 무료로 제공하되, 다른 방법으로 이윤을 추가하는 방법이다. 가장 흔하게 사용하는 방법은 광고를 통해 이익을 창출하는 방법이다. 구글이 검색 엔진 서비스를 무료로 제공하고 관련 광고를 유치하여 수익을 창출하는 방법이 대표적인 예다. 구글이 브라우저를 무료로 나눠주고 거기서 얻은 정보를 바탕으로 많은 수익을 얻는 것도 또 다른 수익 추구 방법이다. 애플이 앱 스토어라는 플랫폼을 무료로 제공하고 수수료를 받고, 플랫폼에 모인 빅 데이터로 수익을 창출하는 것도 같은 맥락의 전략이다.

인공지능 시대에 기업이 이익을 추구하는 또 하나의 전형적인 방법은 독점 내지 과점 체제를 유지하면서 가격이 떨어지지 않도록 하는 방법이다. 인공지능 시대에서 독점은 이윤을 극대화하기 위한 기업의 생존 전략이다. 최근 인공지능 시대에 들어서면서 대부분 하나의 기업이 각각의 분야에서 거의 독점적인 지위를 확보하는 이유가 바로 여기에 있다.

구글은 야후를 제치고 검색 엔진 시장에서 독점적인 지위를 확보했다. 페이스북도 트위터 등 기존 기업을 밀어내고 독점적인 지위를 확보했다.

이처럼 인공지능 시대 기업들이 독점적 지위를 확보하는 이유는 서비스의 가격을 유지하기 위한 전략이다. 경쟁 체제가 되면 출혈 경쟁이 일어날 수밖에 없고, 그렇게 되면 한계비용이 제로인 상황에서 가격이 급작스럽게 떨어지기 때문이다. 물론 인공지능 시대에는 정보가 투명해지면서 소비자들이 1등 기업만 선택하는 현상이 일어나기 때문에 자연스럽게 독점기업이 출현하게 되는 측면도 있다.

인공지능 시대 기업들이 서비스를 무료로 제공하면서 다른 방법으로 수익을 추구하거나, 독점적인 지위를 확보하여 수익을 챙기는 전략은 산업사회에서 인공지능 시대로 넘어가는 과도기적 현상이라고 볼 수 있다.

기술은 인공지능 시대로 넘어가고 있으나 패러다임은 완전히 산업사회에서 인공지능 시대로 바뀌지 않았다. 하지만 인공지능 시대의 패러다임으로 완전히 바뀌게 되면 현재의 자본주의 경제 체제도 당연히 바뀌어야 한다. 자본주의 경제 체제는 수요와 공급의 균형에 의해 가격이 결정되고, 기업은 그 균형점을 이용하여 수익을 추구한다. 수요와 공급의 이론은 상품의 희소성을 전제로 하는데, 인공지능 시대에는 항상 공급이 초과되어 수요와 공급의 원리가 적용되지 않기 때문이다.

인공지능 시대에는 기업들이 수요와 공급에 의한 수익추구보다는 공유와 상생에 의해 가격을 낮추고 가치를 어떻게 창출하느냐에 그 운명이 달려 있다.

공유와 상생의 패러다임

산업사회와 인공지능 시대의 또 다른 패러다임의 차이로는 산업사회가 소유와 경쟁을 기반으로 한다면 인공지능 시대는 공유와 상생을 기반으로 한다는 점을 들 수 있다.

이런 차이점은 산업사회의 교환 대상 재화가 제품과 서비스인데 반해, 인공지능 시대의 교환 대상 재화는 정보재(Information Goods)라는 데서 기인한다. 인공지능 시대의 정보재는 산업사회의 재화, 즉 제품과 서비스와 근본적인 차이점이 있다.

첫 번째로 제품과 서비스는 일단 판매하고 나면 내 손에서 사라지는 반면에, 정보재는 남에게 주어도 나에게 그대로 남아있다는 특성이 있다. 소설가 조지 버나드 쇼의 말대로 "두 사람이 사과 하나씩을 가지고 있다가 서로 교환했다면 여전히 사과 하나씩 가지고 있는 것이지만, 두 사람이 아이디어 하나씩을 가지고 있다가 서로 교환했다면 그들은 이미 두 개씩 아이디어를 갖는 셈이다."가 되는 것이다.

두 번째로는 정보재가 저장, 수송, 운송, 복제에 비용이 거의 들어가지 않는 한계비용 제로 원리가 적용된다는 점이다.

정보재의 이 두 가지 특성을 합하면 정보재는 공유할수록 모두에게 이익이 되는 상생의 패러다임으로 연결이 된다.

공유와 상생을 기반으로 한 인공지능 시대의 대표적인 정보재의 예로 음악에 대해 살펴보기로 하자.

산업사회에서 음악은 레코드판, 테이프, 시디 등 유형적인 형태로 존재했다. 이런 제품들은 가게에서 손님에게 판매를 하면 가게에서는 사라지게 된다. 또한 이런 제품들은 대량으로 생산하면 원가가 낮아지긴 하지만, 제로에 가깝게 낮아지는 않는다. 반면에 인공지능 시대에서 음악은 음원으로 존재한다. 물론 이 음원을 만드는 비용은 들지만, 저장, 복사, 전송에는 거의 비용이 들어가지 않는다. 또한 인터넷에 존재하는 음원은 다른 사람이 복사했다고 해서 음원이 사라지지는 않는다.

인공지능 시대에 접어들면서 레코드판 등을 판매하여 수익을 올리던 음반회사들은 인터넷 사이트를 통해 불법 복제되어 유통되는 음원 때문에 골치를 썩였다. 음반회사들은 불법 음원 복제 사이트를 고발하고 법적처벌을 받도록 하는 등 기존 산업사회 방식을 고수하기 위해 발버둥 쳤지만, 시대적인 흐름을 막을 수는 없었다.

이런 시대적인 변화를 제대로 파악하고 음원을 공유하도록 함으로써 음반회사와 소비자 모두에게 상생의 길을 보여준 사례가 앞서 언급했던 스티브 잡스의 아이팟 성공담이다.

애플의 아이팟이 인공지능 시대의 공유와 상생의 패러다임을 활용했지만, 산업사회의 상거래 방식을 어느 정도 차용한 반면에, 가수 싸이의 방식은 좀 더 인공지능 시대의 공유와 상생의 패러다임에 가까운 방식을 활용해 성공한 경우다. 싸이는 인공지능 시대의 가장 강력한 수단인 인터넷 동영상 서비스 플랫폼인 유튜브를 적극적으로 활용했다.

사실 인터넷은 가수에게 별로 반갑지 않은 존재다. 과거에 가수는 음반사들이 레코드, CD 등을 팔아서 받는 수익을 배분받거나 공연에 초대되어 노래를 부르고 일정한 금액을 받는 것이 주 수입원이었다. 그런데 인터넷이 보급되면서 음원이 무료 내지 싼 금액으로 다운로드 받는 것이 일반화 하면서 주 수입이었던 레코드와 CD 등의 판매가 급격하게 줄어들었고, 그에 따라 가수들의 수입도 급격하게 줄어들었다. 그런데 싸이는 새로운 시대의 대세로 자리 잡아 가는 인터넷의 존재를 인정하고 오히려 적극적으로 활용했다. 유튜브에 자신의 '강남 스타일' 동영상을 올리고 누구나 공짜로 볼 수 있도록 만든 것이다. 다른 가수들이 시대 변화를 거부하고 있을 때 싸이는 새로운 시대를 받아들이고 오히려 이를 적극적으로 활용하여 성공한 것이다.

구글이 뛰어난 검색 기능을 무료로 이용하게 만들면서 이용자들을 끌어모아 광고 등으로 수입을 챙긴 것처럼, 싸이도 유튜브 동영상을 통해 세계의 이목을 끈 다음 수입은 다른 방법으로 올린 것이다.

싸이의 뮤직 비디오를 본 저스틴 비버의 매니저인 스쿠터 브라운은 싸이에게 계약을 제의했고, 싸이는 미국의 지상파 TV의 빅쇼에 연이어 출연하여 큰 화제를 모았다. 한 마디로 싸이는 인공지능 시대의 특징인 공유와 상생의 개념을 제대로 활용하여 성공했다고 볼 수 있다.

공유와 상생의 패러다임이 대세로 자리 잡으면서 기업들은 어떻게 수익을 창출할 수 있을지 고민하기 시작했다.

아무리 한계비용이 제로에 가까워진다고 하더라도 공짜로 재화를 판매하면 수익을 남길 수 없다는 사실은 너무나 자명하다. 그래서 수익 창출의 수단으로 등장한 것이 바로 플랫폼이다. 플랫폼은 기업이 직접 재화를 판매하는 것이 아니라, 재화가 교환될 수 있는 장마당을 마련해 주고, 그에 따른 이익을 챙기는 장소이다. 애플의 아이튠즈와 앱 스토어, 유튜브 등이 대표적인 플랫폼의 사례라고 볼 수 있다.

애플의 아이팟과 아이폰이 출시됐을 때 한국 기업들이 따라잡기를 하면서도 놓쳤던 부분이 바로 플랫폼 전략이다. 아이팟과 아이폰의 디자인을 베꼈지만, 그 핵심인 플랫폼은 미처 베끼지 못했던 것이다. 다행히 아이폰의 앱 스토어는 드러나는 것이었기 때문에 그대로 따라했지만, 아직도 그 중요성은 이해하지 못하는 면이 있다. 애플도 스티브 잡스가 타계한 이후에 아이폰의 개선 전략이 단순히 하드웨어적인 측면에 머무르면서 한국과 중국에게 추격의 여지를 남겨주고 있다.

기업들의 플랫폼 전략은 겉으로는 소비자들에게 높은 가치와 합리적이고 저렴한 가격이라는 명백한 혜택을 주는 것처럼 보이지만, 내면적으로는 기업들에게 수익성과 독점력을 높여주는 역할을 하고 있다. MIT 슬로언 경영대학원의 연구 결과를 보면, 2013년 시가총액 기준 상위 30대 브랜드 가운데 14개의 브랜드가 플랫폼 중심 기업이다. 이처럼 플랫폼을 제공하는 일부 소수의 사람들이나 기업들에게 갈수록 혜택과 가치가 집중되는 현상을 '플랫폼 효과'라고 부른다.

플랫폼 효과를 막기 위해서는 모두에게 개방성과 기회를 보장하고, 플랫폼이 가져다주는 혜택과 독점력 집중이라는 위험성 사이에서 균형을 이루는 방법을 모색할 필요가 있다.

음원을 다운로드 받는 플랫폼인 애플의 아이튠즈는 전 세계 디지털 음원 시장의 무려 75퍼센트를 점유하고 있다. 인공지능 시대에서 플랫폼에 의한 시장 독점은 이윤을 극대화하기 위한 영리한 전략이 되고 있다. 인공지능 시대에서 플랫폼 효과 때문에 각각의 분야를 지배하는 기업의 수는 극히 적다.

산업사회에서는 모든 시장을 통상 4~6개의 대기업이 나눠 가졌다. 예를 들면 4대 법률회사, 5대 대형 유통업체, 4대 반도체 제조업체와 같은 식이다. 하지만 인공지능 시대의 기업들은 시장을 완전히 독점적으로 지배하고 있다. 구글은 유일한 검색엔진이어야 하고, 페이스북은 SNS를 이용하는 유일한 도구여야 한다. 물론 한국의 경우에는 네이버가 유일한 검색 엔진이고, 카카오톡이 독점적인 SNS 도구로서 구글과 페이스북을 밀어냈지만 말이다.

인공지능 시대의 플랫폼은 외부의 실물자산들을 효율적으로 결합한 비즈니스 모델을 개발함으로써 자산을 전혀 보유하지 않고도 독점적인 사업이 가능하도록 만들고 있다.

실제로 에어비엔비(Airbnb)는 방을 전혀 보유하고 있지 않으면서도 세계 최대의 숙박 서비스 제공업체가 되었다. 또 우버는 차를 한 대도 보유하고 있지 않으면서 세계 최대의 운송 서비스 제공업체가 되었다.

그밖에도 도구(TechShop), 자전거, 유아용 장난감(Nerd Block, Sparkbox)과 옷(Stitch Fix, Bombfell), 노는 땅을 활용한 텃밭 가꾸기(Shared Earth) 등 다양한 분야에서 '협력적 공유(Collaborative Commons)'라는 새로운 경제 시스템이 시도되고 있다.

공유와 상생의 패러다임이 확산되면서 소유는 더 이상 사업의 필수조건이 되지 못하고 있는 것이다. 현재의 사회적, 경제적 시스템이 산업사회의 패러다임에 맞춰져 있어서, 공유 경제 시스템이 저항을 받고 있지만, 그 도도한 물결을 거스르기는 갈수록 힘이 들 것이다.

공유와 상생은 기업과 소비자 사이의 관계에만 적용되는 개념이 아니다. 자율주행자동차를 제조하는 과정에도 적용되어야할 개념이다.

자율주행자동차를 제조하기 위해서는 현재의 자동차 제조에 필요한 기계 관련 기술에 더하여 사물 인터넷과 인공지능 등 IT 관련 기술 등 다양한 기술들이 필요하다. 따라서 어느 한 기업이 이에 필요한 모든 기술들을 확보하는 것은 현실적으로 불가능하다. 앞으로 차별화된 최고 기업만 살아남는 미래 시장 환경에서 '차별화된 최고 제품'을 만들기 위해서는 제품 제조에 필요한 최고 기술이나 최고 부품들을 외부에서 확보할 필요가 있다. 더 나아가 경쟁 기업과 차별화된 최고 사업 콘텐츠를 개발하는 것도 중요하다. 문제는 특정 기업이 사업 콘텐츠, 기술, 부품, 제조 공정 등 모든 분야에서 최고가 되기 힘들다는 점이다.

이런 문제점을 해결하는 가장 좋은 방법은 최고 사업 콘텐츠, 최고 기술, 최고 부품, 최고 제조 공정을 확보하고 있는 다른 기업들과 협업, 즉 상생을 하는 것이다. 다시 말해 자신이 최고인 분야를 제외한 나머지 분야에서 최고인 기업들을 찾아내어 협업하여야만 최고 제품 내지 최고 서비스를 만들어낼 수 있게 된다.

이런 공유와 상생의 제조 패러다임을 가장 먼저 활용한 기업이 애플이다.

애플은 아이폰을 제조함에 있어서 각각의 부품들은 세계 최고의 기업들로부터 공급받고, 조립도 최고의 효율을 자랑하는 폭스콘에서 담당하고 있다. 애플은 아이폰을 생산하는 자체 공장을 갖고 있지 않다. 과거 산업사회의 기준으로 보면 아이폰은 애플의 제품이 아니다. 애플이 아이폰을 직접 생산하지 않는데도 불구하고, 아이폰이 애플의 제품인 이유는 아이폰의 콘텐츠가 애플의 것이기 때문이다.

누구를 위한 인공지능인가?

인공지능 시대의 도래로 인한 혜택은 누구에게 돌아갈 것인가? 현재까지 가장 큰 혜택을 보는 계층은 기업, 특히 주주인 자본가들이다. 산업사회에서 혜택을 보았던 자본가들이 여전히 인공지능 시대에도 가장 큰 혜택을 보고 있다. 물론 일반 대중들도 어느 정도의 혜택을 보고 있는 것은 사실이다.

과거에 정보를 제공하고 서비스 요금을 받던 기업이나 기관은 더 이상 존재할 수 없게 되었다. 산업사회에서는 여행을 하거나 맛있는 식당을 찾으려면 별도의 정보가 필요했다. 하지만 인공지능 시대에 접어들어서는 스마트폰을 꺼내 들고 클릭 몇 번만 하면 해결이 된다.

소비자들이 누리는 혜택은 이 정도다. 인공지능에 의해 생기는 여러 가지 혜택은 대부분 기업들의 몫인 게 현실이다.

애플은 앱 스토어라는 플랫폼을 활용한 아이폰으로 엄청난 이익을 거두고 있다. 최근 출시된 애플X의 경우 각각의 부품들을 조립한 경우를 상정한 제조원가가 판매가의 30퍼센트에 불과하다는 분석이 나오고 있다. 부품 제조, 부품을 조립하는 과정을 모두 아웃소싱하는 애플의 경우에는 나머지 70퍼센트가 거의 이익이라고 봐도 과언이 아니다. 이런 막대한 이익도 아이폰 판매만을 고려한 것이고, 앱 스토어에서 판매되는 앱 매출액의 수수료 30퍼센트를 고려하면 이익은 더 늘어날 것이다. 물론 앱 매출에 의한 이익은 애플뿐만 아니라, 앱을 개발해서 앱 스토어에 올린 개발자들에게도 돌아간다. 과거 핸드폰 판매 기업들이 앱 개발자들로부터 앱을 싸게 구입하여 서비스하고 그에 따른 이익을 독식했던 것에 비하면, 애플이 양심적이라고 할 수도 있지만, 플랫폼만 제공하는 애플의 몫이 큰 것도 사실이다.

애플은 아이폰 제조를 아웃소싱함으로써 관련 기업들과도 이익을 공유하는 모양새를 갖추고 있다. 삼성전자의 경우에 애플의 아이폰을 본떠서 만든 스마트폰을 제조·판매함으로써 뿐만 아니라, 애플에 반도체를 납품함으로써 막대한 이익을 거두고 있다. 아이폰을 조립하는 폭스콘의 경우에 초기에는 중국의 싼 임금을 활용했지만, 최근 중국의 임금이 상승하자 조립 공정을 자동화하겠다고 나섰다.

한 마디로 인공지능 시대의 대표적인 제품인 스마트폰에 의한 혜택은 대부분 기업들이 가져가는 데 반해, 소비자들은 스마트 폰의 첨단 서비스를 이용하는 편의성 정도의 혜택을 받고 있을 뿐이다.

인공지능 시대의 한계비용 제로 현상이나 공유와 상생에 의해 발생하는 이익은 기업들이 독식하고, 소비자들에게는 생색을 내는 정도의 혜택만 돌아오고 있다.

더 큰 문제는 인공지능 시대에 들어서면서 자동화 등의 기술 적용으로 근로자들의 일자리가 사라지고 있다는 사실이다. 근로자들은 소비자로서 인공지능 시대의 혜택은 조금밖에 받지 못하면서, 인공지능 시대의 도래로 기업 내의 일자리가 없어지면서 생존의 위협을 받고 있는 셈이다. 근로자들은 인공지능 시대에 접어들면서 일자리가 사라지고 있을 뿐만 아니라, 그나마 남아있는 일자리도 비정규직화 하면서 일자리 안정성도 떨어지는 이중고에 시달리고 있다.

산업사회에서는 기업이 재화를 만들어 판매하면서 이익을 얻는 과정에서, 자연스럽게 근로자가 생산 과정에 참여하여 임금을 챙겼다. 기업이 마케팅, 경영 활동을 하면서 주변 기업에, 그리고 세금 납부를 통해 사회에 일부 이익을 환원하고 나서, 나머지 이익 중에서 일부를 받는 구조가 일반적이었다. 즉 산업사회에서는 기업 활동이 모든 이해당사자들에게 자연스럽게 혜택이 그나마 골고루 돌아가도록 하는 시스템으로 운영되었다.

하지만 산업사회 후반기에 들어 주주 자본주의, 금융 자본주의가 등장하면서 자본이 이익을 독점하는 현상이 심해지기 시작했다. 인공지능 시대에 들어서면서 기업 활동이 근로자의 임금을 빼앗아 자본가에게 안겨주는 역할을 하도록 바뀌고 있다.

기술이 발전할수록 인류의 부는 증가해 왔지만, 반대로 공동체는 파괴되고, 사회적 갈등은 커져왔다. 비교적 평등한 사회였던 원시 수렵채집사회에서 농경사회, 산업사회로 발전할수록 불평등이 심해지고, 지배층과 피지배층이 착취자와 피착취자, 가해자와 피해자로 나눠지면서 갈등을 겪게 되었다. 하지만 인공지능 시대는 다시 대립과 착취의 사회적 갈등을 벗어나 공유와 상생의 길로 나아갈 수 있는 기회를 제공한다. 인공지능, 로봇이 인간의 육체적 노동을 대신한다면 인간은 좀 더 인간적인 삶을 살 수 있는 여유를 가질 수 있다. 인공지능에 의한 혜택을 사회 이해관계자들이 골고루 나눠가질 수만 있다면 말이다.

사실 지금도 인류가 갖고 있는 부를 골고루 나눈다면 기아와 굶주림에 의한 인류의 고통은 없앨 수 있다. 문제는 농경사회, 산업사회로 발전하면서 권력이 특정 세력에게 쏠리면서 부를 독점한 데서 생긴 것이다.

하지만 인공지능 시대는 사회적 권력을 모든 구성원들이 골고루 갖는 수평적 사회가 될 가능성이 크다. 따라서 인공지능 시대에 의한 혜택을 골고루 나눠 갖도록 사회구성원들이 그들의 권력을 제대로 활용한다면 인류 모두가 행복한 세상을 건설할 수 있다.

초기 자본주의 경제학자들도 경제가 어느 정도 성장하면 인간의 삶의 질이 향상되고 여가를 즐길 수 있을 것이라고 생각했다.

대표적인 자본주의 경제학자인 존 메이너드 케인스는 1930년에 발표한 에세이 〈우리 후손을 위한 경제적 가능성(Economic Possibilities for our Grandchildren)〉에서 기술이 진보하면 시간당 생산량이 증가하므로 생계를 위해 필요한 노동시간은 점점 더 줄어들 테고, 마침내 거의 일할 필요가 없어지는 단계에 이르게 될 것이라고 예견했다.

그는 "창조된 이후 처음으로 인간은 자신의 진정하고도 영원한 문제에 도달하게 된다. 즉 경제적인 걱정거리에서 벗어나 자유를 어떻게 활용할 것인지, 과학 및 관련 지식 덕분에 누릴 수 있게 된 현명하고 즐겁게 잘 살 수 있는 여가 시간을 어떻게 쓸 것인지 하는 문제를 만나게 된다."라고 주장했다(로버트 스키델스키 저 『얼마나 있어야 충분한가』에서 인용). 케인스는 2030년경이면 이러한 여건에 도달할 수 있으리라 보았다.

하지만 우리의 현실은 어떤가? 기술이 진보하고 시간당 생산량도 1930

년대에 비해 엄청나게 늘었지만, 일하는 시간은 줄어들지 않았다.

케인스의 예견이 틀린 이유를 살펴보자.

첫 번째 이유는 부가 통장의 숫자로 나타나기 시작하면서 부는 더 이상 소비를 위한 수단이 아니라 우월한 업적을 드러내는 지표가 되었기 때문이라는 점을 들 수 있다.

경제학자 프레드 허쉬는 해로드는 이러한 재화의 기능을 '지위적 재화(Positional Goods)'라 칭했다. 케인스는 어느 정도 이상의 부를 쌓으면 물질적 욕구가 충족될 수 있다고 생각했지만, 실제로는 인간의 욕구가 무한정으로 늘어났다는 것이다. 인간의 무한정한 부의 욕구를 채우기 위해 오늘도 인간은 쉬지 않고 일하고 있다.

또 한 가지 이유는 기업 이윤을 우선시하는 주주 자본주의의 속성 때문이다. 고용주들은 권력을 가졌기 때문에 고용인들의 급여는 물론 작업 조건도 결정할 수 있다. 고용주의 입장에서는 작업량을 다수의 직원에게 분산시키는 것보다 소수의 직원에게 더 많은 시간 작업시키는 쪽이 더 이익이다. 직원 수가 많아지면 통제하기 힘들고, 해고하기도 힘들고, 연금과 복지비용 등 추가 비용도 많이 들어가게 되기 때문이다.

최근 근로시간을 줄여서 일자리를 나누자는 논의가 진행되고 있지만, 기업의 속성을 바꾸지 않고는 공허한 구호에 그칠 염려가 있는 이유가 바로 여기에 있다. 주주의 이익을 최우선시하는 주주 자본주의 체제에서 어느 기업도 부담이 더 늘어나는 일자리 나누기를 실행하려고 하지 않을 것이다. 일자리 나누기를 실행하기 위해서는 직원들의 인간적인 삶을 최우선 순위에 올려놓는 기업 문화가 정착되어야만 한다.

인공지능 시대에는 노동력이 필요한 일들은 대부분 인공지능이 떠맡을 것이기 때문에 인간이 케인스가 예언한 여유로운 삶을 살 수 있는 기회가 주어진다. 마치 그리스·로마 시대에 힘이 드는 노동은 노예들에게 맡기고 지배층들은 철학과 문학 등을 논하면서 인간다운 삶을 누릴 수 있었던 것처럼 말이다.

그리스·로마 시대 시대에야 노예제도라는 비인간적인 사회 시스템 때문에 노예들은 인간임에도 불구하고 인간다운 삶을 누릴 수 없었다는 한계가 있었다. 하지만 인공지능 시대에는 과거 그리스·로마 시대에 노예들이 했던 일들을 인공지능이 떠맡기 때문에 모든 인간이 인간다운 삶을 누릴 수 있게 된다.

하지만 이런 이상적인 삶이 저절로 주어지지는 않는다. 소비자, 근로자, 기업은 물론 정부 등 사회 모든 이해 관계자들이 인공지능 시대의 패러다임을 제대로 이해하고 그에 맞는 사회 시스템을 함께 만들어야만 가능한 미래다.

제3장

요동치는 일자리

- 인공지능이 일자리에 미칠 영향
- 산업혁명 때처럼 결국 일자리가 늘어날까?
- 어떤 일자리가 줄어들고 어떤 일자리가 늘어날 것인가?
- 특히 청년 일자리가 줄어드는 이유
- 일자리 개념의 변화

인공지능에 의해 일자리가 줄어들 것인지 아니면 늘어날 것인지에 대해서는 여러 가지 주장이 제기되고 있다. 이 시점에서 어느 주장이 옳은지는 확실히 알 수 없다. 하지만 한 가지 확실한 사실은 인공지능 시대에 일자리가 늘어나든 줄어들든 일자리의 패러다임이 바뀐다는 점이다.

수렵채집사회, 농경사회, 산업사회에서의 일자리 패러다임이 다르듯이 인공지능 시대의 패러다임도 다를 수밖에 없다. 현재 우리가 갖고 있는 일자리에 대한 개념은 주로 산업사회의 패러다임에 의해 만들어진 것이다. 만약 우리가 산업사회의 패러다임으로 일자리 문제를 바라본다면 인공지능 시대의 일자리 문제는 풀 수가 없다. 인공지능 시대에 맞도록 일자리 패러다임을 이해한 다음에야 해결책이 나올 수 있다.

현재의 교육 시스템, 법률 등 사회제도들도 모두 산업사회, 특히 자본주의 시스템에 맞도록 만들어져 있다. 산업사회에 적합하게 만들어진 시스템을 새로운 시대에 맞도록 고치지 않고 인공지능 시대를 맞게 되면 문제가 생기는 것이 너무도 당연한 일이다.

이번 장에서는 주로 인공지능 시대의 일자리 변화 현상에 대해 주로 설명할 것이다. 여기서 강조하고 싶은 점은 인공지능에 의해 일자리가 줄어든다고 해서 너무 걱정할 필요는 없다는 점이다. 인공지능 시대의 일자리 문제는 산업사회의 패러다임으로 바라보면 답답하고 해결책이 나오지 않는다. 하지만 새로운 일자리 패러다임에 대해 충분히 이해하고 그에 대해 적절히 대처한다면 오히려 모두가 행복한 이상적인 세상을 만들 기회로 전환할 수 있다.

인공지능이 일자리에 미칠 영향

인공지능이 일자리에 영향을 미칠 것이라는 생각은 기본적으로 산업사회의 패러다임에 기반을 두고 있다.

일자리는 산업사회에서 주어진 일을 하면서 급여를 받고 일하는 경우, 즉 노동을 의미한다. 수렵채집사회에서 농경사회로 바뀌면서 도구의 발전에 의해 사냥과 열매 채집을 할 필요가 없게 되었어도 아무도 반감을 갖지 않았다. 반면에 산업사회에서는 기계가 일자리를 빼앗는다고 생각했기 때문에 기계에 대한 저항이 심했다. 일자리를 뺏기는 것은 곧 생존에 위협을 받는 문제였기 때문이다. 다행스럽게도 산업사회로 접어들면서 기계에 의해 생산성이 향상된 것 이상으로 일자리가 늘어나면서 일자리 문제는 저절로 해결되었다. 산업사회에서 증기기관 등 기계가 일자리를 빼앗았던 것 이상으로 인공지능 시대가 되면서 인공지능이 인간의 일자리를 빼앗고 있다.

시간이 지나면 인공지능이 인간의 모든 일자리를 빼앗을 것인가? 그렇지는 않을 것이다. 인공지능이 인간의 일자리를 대체하는 가장 큰 이유는 경제성 때문이라고 볼 수 있다. 즉 인간의 일자리를 인공지능으로 대체할 때 더 경제적이기 때문에 인공지능으로 대체하는 것이다. 인공지능이 발전하면서 기술적인 면에서나 경제적인 면에서 대체할 수 있는 분야가 더 많아지고 있다. 즉 과거에는 기술적으로 대체할 수 없거나, 대체할 수 있다고 하더라도 경제성이 없어서 대체하지 않았는데, 그런 경우가 점점 더 줄어들고 있다. 인공지능이 인간의 일자리를 대체하면 일 자체의 효율성과 경제성이 높아진다. 문제는 인공지능에 대한 개발과 투자를 자본이 주도하면서 그에 따른 혜택을 자본이 독점하고 있다는 데 있다. 다시 말해 인공지능의 도입에 따른 혜택을 자본과 더불어 소비자와 근로자가 공유할 수 있다면 인공지능이 인류에게 이상적인 삶의 실현이라는 선물이 될 것이다.

인공지능이 인간의 일자리를 대체하면서 생기는 가장 큰 문제는 일자리 숫자 자체가 줄어든다는 사실보다는 중간층의 일자리가 많이 줄어든다는 데 있다. 인공지능 개발 초기에는 단순 반복 작업 위주의 일자리가 사라졌으나, 인공지능이 발전하면서 좀 더 부가가치가 있는 중간층의 일자리가 사라지기 시작했다.

중간층의 일자리가 사라지는 추세는 세계화와 아웃소싱 하는 경영전략에 의해 가속화되고 있다. 오히려 임금이 낮아서 인공지능으로의 대체 효과가 별로 크지 않고, 컴퓨터들이 육체적인 활동에는 경쟁력이 없기 때문에 간병인, 정원사, 요리사 등 육체노동이 필요한 일자리는 그다지 충격을 받지 않고 있다. 또한 인공지능이 대체하기 어려운 경영이나 재정운용처럼 전략적 판단을 내려야 하거나, 컴퓨터 프로그래밍처럼 기계를 부리는 전문

고급기술의 일자리도 충격을 덜 받고 있다. 반면에 중간층 일자리는 인공지능에 의해 집중적인 공격의 대상이 되고 있다. 중간층의 일자리가 없어지는 현상은 사회적으로 신분 상승할 기회를 박탈하기 때문에 더욱 문제가 된다. 중간층이 사라지게 되면 자본을 가진 부유층과 임금이 낮은 육체노동으로 내몰리는 빈민층으로 양극화되고, 그 신분이 고정되면서 사회갈등을 유발하는 요인이 될 수 있다.

인공지능이 초기에는 일자리를 사라지게 하지만, 산업혁명 때처럼 약간의 시차를 두고 부가 증대되면서 새로운 일자리가 창출되어 결국은 일자리가 늘어날 것이라는 주장도 제기되고 있다. 설사 일자리가 결과적으로 늘어날 것이라는 주장이 맞는다고 하더라도 과도기에는 근로자층이 곤란을 겪게 된다. 새로 생기는 일자리들은 대부분 사라진 일자리들과는 완전히 다른데, 일자리를 잃은 사람들은 대개 새로운 일자리에 필요한 역량을 갖추고 있지 못하고 있기 때문이다.

일자리 전환이 점진적으로 천천히 일어난다면 근로자들이 적절히 적응해 나갈 수 있지만, 변화가 빠르고 갑작스럽게 진행될 경우에는 상당한 혼란이 일어나게 된다. 산업혁명 시기에도 농업에 종사하던 사람들이 산업노동자로 변신하면서 초기에는 도시 빈민으로 전락하는 수모를 겪어야만 했다. 산업혁명에 비해 훨씬 빠르게 진행되고 있는 인공지능 발전 속도에 근로자들이 제대로 따라잡기는 힘들 수밖에 없다.

기업이 인공지능으로 대체된 인력을 무조건 내보내는 것은 바람직하지 않다. 공정에 익숙한 근로자를 내보내는 것은 회사로 봐서 큰 손실이다. 인공지능에 의해 대체된 근로자를 내보내지 않고, 창의적인 일을 할 수 있는 기회를 주면 기업에도 근로자에게도 이익이 될 수 있다.

한겨레 2017년 10월 31일 자 〈로봇과 협업, 사람 중심 조직화…"일자리 줄지 않았다"〉라는 기사는 인공지능을 도입한 공장 자동화에도 불구하고 기존 노동자들을 교육시켜 다른 업무로 재배치함으로써 감원을 하지 않은 독일 공장의 예를 소개하고 있다.

독일 공장기계업체 트룸프는 스마트 공장으로 변신하면서 기존 근로자들은 스마트 공장에 맞는 교육과 훈련을 받아 로봇과 함께 일하면서 일의 효율을 높이고 있다. 독일이 '산업 4.0'을 시작했을 땐, 사람이 거의 필요 없는 공장을 꿈꿨지만, 실제로는 상호 네트워크를 형성하는 생산 공정은 오류와 고장이 잦고, 수시로 전문 인력의 개입이 있어야 했다. 특히 규격품을 대량생산하던 시대를 지나 다양한 사양의 제품을 신속히 생산해야 경쟁력이 커지는 상황이 되면서 현장에서 유연성을 발휘할 숙련된 노동이 여전히 중요한 요인이다.

결국 인간과 로봇의 협업을 어떻게 조직하느냐가 인공지능 시대로의 전환의 성패를 가르게 되기 때문에, 노동자들에게 새로운 직무 교육과 전직 훈련의 기회를 지속적으로 제공한 것이다. 독일의 경험은 4차 산업혁명이 곧 무인 자동화는 아니며 로봇과 인간의 협업을 조직해가는 과정일 수 있음을 보여준다.

인공지능 시대에는 일자리 숫자도 문제지만, 더 큰 문제는 일자리의 질이 바뀐다는 점이다. 인공지능 시대에는 정규직 일자리보다는 비정규직 일자리의 비율이 늘어나게 된다.

세계경제포럼은 2016년에 발표한 〈일자리의 미래(The Future of Jobs)〉라는 보고서에서 "유연한 일자리가 많이 생겨나 온라인 플랫폼을 통해 협업하거나 프리랜서로 일하는 사람이 늘어나게 될 것"이라고 내다봤다.

인공지능 시대에서의 비정규직 일자리는 산업사회에서의 비정규직 일자리와는 약간 다른 개념이다. 인공지능 시대 기업들이 제공하는 플랫폼을 이용하여 수익 활동을 하는 사람들은 비정규직이지만, 이를 구분하여 독립형 일자리 혹은 '긱워크(Gig Work)'라고 부른다.

애플이나 구글, 페이스북 등은 그 자체로 수백 수천 개의 기업을 만들어내는 플랫폼을 제공하고 있다. 하지만 그 기업들이 만들어내는 엄청난 부가가치와 산업적 비중에 비해 직접 만들어내는 정규직 일자리가 상대적으로 적다. 페이스북은 전 세계에 12억 명에게 서비스를 제공하고 있으며 시가총액이 삼성전자에 육박하는 거대 기업으로 성장했지만, 2013년 기준으로 직원 수가 3,000여 명밖에 되지 않는다. 삼성전자의 정규직원 수가 7만 명 정도인 것을 감안하면 인공지능 시대 기업들의 정규직 일자리 창출이 얼마나 낮은지를 알 수 있다.

물론 애플이 직접 고용한 정규직은 적지만, 폭스콘에 아이폰 생산을 맡김으로써 실질적으로는 일자리를 늘리는 효과를 보고 있다고 주장할 수도 있다. 문제는 중국의 폭스콘도 수년 내에 수십만 명의 노동력을 1만 대의 로봇으로 대체할 계획이기 때문에 결과적으로 일자리가 줄어드는 것은 마찬가지라는 점이다.

산업혁명 때처럼 결국 일자리가 늘어날까?

퓨리서치센터가 2014년에 과학기술 분야의 전문가 1,896명에게 '2025년 무렵이 되면 기술이 발전하면서 새로 생기는 직업보다 없어지는 직업이 더 많아질까?'라고 질문을 던졌더니 응답자 중 절반은 '그렇다', 나머지 절반은 '아니다'라고 대답했다.

일자리가 줄어들 것이라고 주장하는 측은 이미 인공지능이 우리의 일자리를 뺏기 시작했는데, 이런 추세가 지속될 것이라고 하고, 반면에 인공지능이 새로운 일자리들을 만들기 때문에 궁극적으로는 일자리가 늘어날 것이라는 주장하는 측도 존재한다.

인공지능에 의해 일자리가 늘어날 것인가 아니면 줄어들 것인가는 앞으로 우리가 어떻게 대비하느냐에 달려 있다고 봐야 한다. 인공지능 시대의 패러다임을 잘 이해하고 제대로 대비하면 당분간은 일자리가 줄어들다가도 궁극적으로는 일자리가 늘어나게 될 것이다. 또한 일자리가 줄어드는 과도기에 어떻게 제대로 대처할 것이냐가 모두가 행복한 인공지능 시대를 맞이하는 데 있어서 관건이 될 것이다.

우선 인공지능 시대에는 일자리가 줄어들 것이라는 주장에 대해서 살펴보자.

대표적인 주장으로 세계경제포럼이 2016년에 발표한 〈일자리의 미래(The Future of Jobs)〉라는 보고서를 들 수 있다. 이 보고서는 주요 국가에서 2020년까지 단순 사무직을 비롯해 720만 개의 일자리가 사라질 것이라고 전망하고 있다. 그 대신 데이터, 컴퓨터, 수학 분야 등 새로운 분야에서 210만 개의 일자리가 만들어져서 결국 약 500만 개의 일자리가 줄어든다는 것이다. 특히 단순 반복 업무를 수행하는 사무와 행정직에서 475만 개의 일자리가 사라질 것으로 보여 대책을 마련하지 않으면 대량 실업사태가 발생할 위험이 있다고 우려했다.

또 이 보고서는 현재 7세 이하의 어린이가 사회에 나가 직업을 선택할 때가 되면 그들 중 65퍼센트는 지금 존재하지 않는 직업을 가지게 될 것이라고 전망했다.

지금까지는 기계나 로봇이 부분적으로 인간의 육체적 노동을 대체해 왔으나 앞으로 인공지능이 전문직 일자리를 대체하기 시작하면 문제는 더욱 커지게 된다. 의사, 변호사, 금융인 등 지금까지 안전하다고 여겼던 일자리조차 위협받는 시대가 되면 일자리 감소가 더욱 가속화 하면서 2030년쯤에는 현재 있는 직업의 거의 절반이 사라질 것이라는 비관적인 전망을 하고 있다.

마이크로 소프트 창업자 빌 게이츠 회장도 인공지능 시대가 되면 일자리가 줄어들 것이라고 주장했다. 그는 2014년 워싱턴DC에 모인 청중들에게 "운전사, 웨이터, 간호사 할 것 없이 사람의 일을 소프트웨어가 대체하는 추세가 진행 중입니다. 정보과학기술의 발전으로 시간이 흐르면 일자리 수요가 줄어들게 됩니다. 앞으로 20년 뒤에는 수많은 전문 분야의 노동 수요가 상당히 줄어들 것입니다. 그런데 일반인들은 그런 현실을 예측하지 못하고 있다고 봅니다."라고 말했다.

옥스퍼드 마틴 스쿨의 2013년 보고서도 미국 내 일자리의 45퍼센트는 향후 20년 내에 컴퓨터(인공지능 및 로봇)로 대체될 가능성이 높다고 예측하고 있다.

이런 추세는 이미 과거 통계를 봐도 확연하게 나타나고 있다. 1997년부터 2005년 사이에 미국 제조업 산출량은 60퍼센트 증가했지만, 거의 비슷한 시기인 2000년과 2008년 사이에 제조업 일자리는 390만 개가 사라졌다. 인공지능 도입 초기인데도 불구하고 슈퍼마켓 계산대와 같은 단순 반복 업무를 대체함으로써 엄청난 일자리가 줄어든 셈이다.

인공지능의 성능이 높아지고 비용이 급격하게 내려가면서 싼 임금을 기반으로 한 개발도상국가로도 이런 추세는 급격하게 파급되고 있다.

애플의 아이폰을 제조했던 중국의 전자업체 폭스콘이 3년 내에 수십만 명의 노동자를 로봇으로 대체할 계획을 추진 중인 것이 대표적인 예다.

아직까지는 인공지능이 전문직 일자리를 본격적으로 대체하지는 않고 있다. 대신에 슈퍼마켓 계산대, 경리 등 사무 업무, 용접과 조립 등 생산 업무 등 단순 반복 업무는 이미 대부분 대체되었는데, 로봇이 현장 생산 인력을 얼마나 대체했는가에 대한 연구 결과를 살펴보자.

MIT의 대런 아세모글루 경제학 교수와 보스턴 대학교의 파스컬 레스

트레포 교수가 발표한 〈미국 국립경제연구소 보고서〉에 의하면 미국의 경우 로봇 한 대가 추가될 때마다 고용이 5.6명 줄어들고 근로자 1,000명의 임금을 0.25~0.5퍼센트 떨어뜨린다고 한다.

전문가들은 현재 미국에서 노동자 1,000명당 산업용 로봇 수는 1.75대인데 2025년까지 미국의 로봇 수는 네 배 증가하여 노동자 1,000명당 로봇의 수는 5.25대를 초과할 것이라고 예상하고 있다. 이 경우 2025년까지 고용률은 0.94~1.76퍼센트 포인트 하락하고 임금은 1.3~2.6퍼센트 포인트 하락한다. 즉 10년 내에 미국에서 로봇에 의해 190~340만 개의 일자리가 줄어든다는 것이다.

또한 영국 옥스퍼드 대학교의 칼 프레이와 마이클 오즈번 교수는 2013년에 발표한 〈고용의 미래: 우리의 직업은 컴퓨터화에 얼마나 민감한가〉라는 논문에서 미국의 경우 20년 이내에 직업의 47퍼센트가 컴퓨터나 로봇에게 빼앗길 위험이 있다고 주장했다. 더욱 큰 문제는 인공지능 시대에 나타난 신생 기업들은 고용 효과가 과거에 비해 상당히 낮다는 점이다. IBM과 델은 각각 43만 1,212명과 10만 8,800명을 고용했지만, 페이스북의 인원은 2013년에 고작 7,185명에 불과했다.

공장 자동화에 의해 싼 인건비의 장점이 사라지면서 개발도상국으로 이전했던 공장들이 선진국으로 다시 돌아오는 리쇼어링(Reshoring)에 의해 선진국 일자리가 늘어날 것이라는 주장도 제기되고 있다. 실제로 지난 몇 년간 미국에 있던 제조 공장을 중국으로 옮겼던 GE, 월마트, 젠테크(Zentech) 같은 많은 기업들이 리쇼어링을 했다. 문제는 이렇게 공장을 옮겨온다 해도 지금은 제조 과정이 대부분 자동화되어 120개에서 200개 정도의 일자리밖에 생겨나지 않을 것이라는 점이다.

반면에 인공지능이 일자리를 빼앗지 않을 것이라는 주장도 만만치 않게 제기되고 있다.

2017년 9월에 AP통신과 NORC센터가 미국인 성인 남녀 1천38명을 대상으로 공동으로 실시한 여론조사 결과를 보면 응답자의 57퍼센트가 앞으로 10년 안에는 로봇이 사람들의 일자리를 뺏기지 않을 것으로 생각하는 것으로 나타났다. 응답자 중 56퍼센트는 로봇 자동화로 인해 자신의 업무가 더 안전해질 것이라고 대답했다.

최근 미국 조사기관 퓨리서치센터의 조사에서도 미국인의 70퍼센트가 자신의 일자리가 로봇에 의해 대체되지 않을 것이라고 응답한 결과를 발표했다. 또한 2017년 10월에 발표된 영국 옥스퍼드 대학, 피어슨, 네스타 재단의 보고서도 오는 2030년까지 5개 일자리 중 1개의 일자리만 줄어들 것으로 예상했다.

『대중의 지혜』 저자인 제임스 서로위키는 미국의 정보기술 전문지 〈와이어드〉 최신호에서 "로봇이 사람 일자리를 광범하게 대체하는 일은 일어나지 않을 것"이라고 주장했다. 서로위키는 경제협력개발기구가 최근 21개국에서 약 9퍼센트의 직업이 자동화로 대체될 위협을 받을 것이라는 예측을 내놓았는데, 이 수치는 그동안 알려진 것처럼 재앙적 수준은 아니라고 주장했다(한겨레 2017년 8월 22일 자 기사).

IT 조사기관 가트너는 2020년에는 인공지능이 180만 개의 일자리를 없애지만, 230만개를 새로 만들게 돼 오히려 늘어날 것이라고 주장했다. 물론 산업 영역에 따라 일자리가 사라지기도 하겠지만, 헬스케어와 교육 등에선 일자리 감소가 전혀 일어나지 않을 것이라고 덧붙였다.

맥킨지 글로벌 인스티튜트도 2001년에서 2009년 사이에 미국에서만 은행 창구 직원, 계산대 직원 등 거래 관련 일자리가 70만 개, 생산직은

270만 개가 줄었지만, 의사나 교사와 같이 인간적인 상호작용이 필요한 일자리는 오히려 480만 개가 늘었다고 발표했다.

인공지능에 의해 일자리가 줄어들지 않을 것이라는 주장은 대체적으로 산업혁명 시대의 경험을 바탕을 두고 있다.

산업혁명에 의해 발명된 새로운 기술로 이전의 직업이 파괴되었지만, 결과적으로 더 많은 일자리가 생겨났다. 자동차가 발명되어 마부가 사라졌지만 자동차 기술을 활용한 운수업이라는 새로운 일자리가 만들어지면서 오히려 일자리가 더 늘어났다. 이처럼 기술혁신이 일어나면 노동의 분업이 확대되고, 그에 따라 일자리가 더 늘어난다는 것이다.

노벨경제학상 수상자인 폴 크루그먼은 '핫도그' 논쟁을 통해 신기술이 일자리를 늘리는 예를 가장 잘 설명하고 있다.

핫도그 조리에 대한 기술 혁신이 일어나면 단기적으로는 인력이 감축되지만 기술 혁신이 조리비용을 낮추게 되므로 핫도그 생산비용이 내려가고, 이를 반영해 핫도그 판매 가격을 낮추면, 수요가 올라가게 된다. 그러면 회사는 늘어난 수요를 감당하기 위해 더 많은 핫도그를 생산해야 하고, 더 많은 인원을 채용하게 될 것이다. 이런 선순환 구조에 의해 일자리가 늘어날 수 있다는 주장이다.

'핫도그' 논쟁에서 선순환이 일어나기 위해서는 회사가 생산비용이 떨어지는 만큼 가격을 낮춰야 한다. 만약 회사가 가격을 낮추지 않은 채 단기적인 이익을 추구하게 되면 수요가 늘어나지 않고, 결국 일자리도 늘어나지 않게 된다. 인공지능 시대에 일자리를 늘리기 위해서는 기업들이 인공지능에 의한 혜택을 직원, 고객을 비롯한 다른 이해 당사자들에게 나누겠다는 자세가 필요한 이유가 바로 여기에 있다.

일자리를 늘리기 위한 또 한 가지 전제는 근로자가 인공지능 시대에 맞는 신기술을 익혀야 한다는 것이다. 문제는 인공지능 시대에 익혀야 할 신기술이 산업사회의 신기술과는 완전히 다른 차원의 기술이라는 점이다.

산업사회에 익숙한 근로자들이 그만큼 배우고 익히기 쉽지 않다. 게다가 인공지능 시대에는 신기술 발전 속도가 너무 빠르다. 배워서 익힐 만하면 새로운 기술이 나오기 때문에 근로자들이 적응하기 쉽지 않다는 문제가 있다.

인공지능이 인간의 일자리를 빼앗아 인간이 쓸모없어지는 디스토피아가 올 것이라고 무조건 걱정할 필요는 없다.

인공지능이 인간의 일자리를 빼앗는 현상이 일어나는 것은 맞지만, 인공지능을 제대로 활용하면 인간에게 유용한 부가가치를 창출할 수 있기 때문이다. 인공지능이 인간을 보조하는 역할을 하면서 인간의 능력을 더 키울 것이라고 낙관하는 자세가 바람직하다. 인공지능이 잘할 수 있는 분야는 인공지능에게 맡기고 인간이 잘 할 수 있는 분야에 집중한다면 여유롭고 행복한 이상적인 삶을 실현할 수 있을 것이다.

인공지능 시대로 가는 과도기인 지금부터 인간과 인공지능이 서로 협력한다면 일자리 걱정은 할 필요가 없다. 인공지능은 공감 능력이나 직관력이 없고 사람들 간의 상호작용이나 의사소통이 필요한 업무를 수행할 수 없다.

인공지능이 판례를 찾는 일은 사람보다 더 잘하지만 이혼하려는 의뢰인의 성격을 파악해 협상을 지속할지, 중재할지, 소송으로 갈지를 택하는 것은 여전히 인간 변호사만이 할 수 있다. 환자가 물리치료를 받기 위해서 침대에서 일어나는 것을 로봇이 도울 수는 있지만 사고로 인한 우울증 치료는 사람만이 할 수 있다.

인공지능 시대의 일자리 문제를 해결하기 위해서는 인공지능이 인간을 위해 존재한다는 사실을 기억하는 것이 가장 큰 전제 조건이다.

어떤 일자리가 줄어들고 어떤 일자리가 늘어날 것인가?

인공지능 시대가 되면 어떤 일자리가 사라지고 어떤 일자리가 생길 것인가 하는 문제는 각 개인에게는 중요한 질문이다.

아무리 전체적인 일자리가 늘어난다 해도 내 일자리는 사라질 수 있고, 반대로 줄어든다 해도 내 일자리는 살아남을 수 있다. 개인 입장에서는 전체적인 일자리 증감보다는 내 일자리가 앞으로 사라질 것인지 살아남을 것인지가 더 중요한 문제다. 나아가 내 자녀의 일자리 선택에 있어서도 중요하다.

컴퓨터가 일반화하기 전만 해도 은행에 들어가려면 주산 실력이 필수적이었다. 당시에는 주산 실력이 뛰어나면 은행에 들어갈 수 있었다. 하지만 컴퓨터가 등장하고 나서는 주산은 그저 두뇌 훈련에 필요한 취미 정도가 되고 말았다. 만약 1990년대에 주산 실력이 뛰어난 사람들이 은행에 잘 들어가는 것을 보고 주산 배우기를 고집했다면 지금쯤 실업의 고통을 맛보고 있을 것이다. 더 나아가 주산 실력이 뛰어나 은행에 입사한 은행원이 자신의 주산 실력만 믿고 새로운 능력 계발에 소홀히 했다면 마찬가지로 낙오될 처지가 되었을 것이다.

마찬가지로 앞으로 10년 내에 자율주행자동차가 일반화할 것이라는 사실을 무시하고, 운전과 관련된 직업 또는 사업을 선택한다면 어리석은 선택이 될 것이다.

반대로 자율주행자동차가 일반화할 것이라는 사실을 받아들이고, 그에 맞는 직업이나 사업을 구상한다면 지금은 없지만 앞으로 급속하게 성장하게 될 분야의 선두주자 프리미엄을 톡톡히 누리게 될 것이다.

인공지능 시대의 일자리는 산업사회의 일자리와는 다른 개념이다. 산업사회의 일자리가 농경사회의 일자리와는 판이하였듯이 인공지능 시대의 일자리도 산업사회의 일자리와 판이할 것이다. 인공지능 시대와 산업사회의 일자리를 정량적으로 비교하기보다는 인공지능 시대에는 어떻게 일자리의 개념이 변하는지를 이해하는 것이 더 중요하다.

농경사회의 대장장이는 자영업자에 가까웠지만, 산업사회의 대장장이는 출퇴근하여 공장에서 기계만 상대하는 월급쟁이일 확률이 높다. 반면에 인공지능 시대의 대장장이는 플랫폼에서 주문받은 맞춤형 상품을 3D 프린터로 제작하는 프리랜서일 확률이 높을 것이다. 겉은 모두 대장장이지만, 일자리 관점에서 보면 완전히 다른 일을 하고 있는 것이다.

인공지능이 인간의 일자리를 빼앗을 가능성은 크게 다음 두 가지 조건에 의해 결정된다.

첫째는 인간이 하는 일을 인공지능이 대체하는 것이 기술적으로 가능한가? 둘째는 인공지능으로 대체하는 것이 경제적으로 더 이득이 되는가? 이 두 가지 조건은 컴퓨터를 중심으로 한 하드웨어와 소프트웨어 기술이 발전하면서 점점 더 만족하는 범위가 넓어지고 있다. 초기에는 주로 단순반복적인 일들이 인공지능에 의해 대체됐지만, 컴퓨터 성능이 향상되고, 딥러닝 등 소프트웨어 기술이 발전하면서 전문영역까지 인공지능이 넘보고 있다.

인공지능에게 기술적으로 가장 어려운 작업은 유연성, 판단, 상식을 필요로 하는 기술들, 그러니까 직관에 의해 판단되는 작업들이다. 이처럼 인간의 지식이 암묵적이기 때문에 인공지능에게 대체될 수 없다는 논리는 "우리는 우리가 말할 수 있는 것보다 더 많이 안다."는 폴라니 역설(Polany's Paradox)로 표현될 수 있다. 폴라니의 역설은 인공지능이 수식 계산에서는 인간보다 탁월한 능력을 발휘하지만, 가치 중심의 판단의 영역에서는 어려움을 느낀다는 비유로 표현할 수 있다.

초기에 비해 인공지능이 인간 능력에 훨씬 더 가까워지고 있는 것은 사실이지만, 그래도 대다수 전문가들은 공감 능력, 창의성, 판단력, 비판적 사고 등은 인간이 필요한 영역으로 남을 것이라고 한다.

물론 인공지능이 궁극적으로는 최대 약점인 창의성, 유연성, 판단력, 상식을 필요로 하는 기술 능력까지 갖추는 수준까지 도달할 것이라고 주장하는 전문가들도 있다. 하지만 최소한 당분간은 이들 분야에서 인간이 인공지능에 대해 비교 우위에 설 수 있을 것이다. 다시 말해 인공지능 시대에 일자리를 빼앗기지 않으려면 창의성, 유연성, 판단력, 상식을 필요로 하는 기술 분야의 일자리를 찾아야 한다.

이런 관점에서 보면 인공지능이 대체할 가능성이 낮은 일자리로는 유치원 및 초등학교 교사, 프로 운동선수, 판사, 정신건강 전문가 등을 들 수 있다.

지식을 가르치는 역할로서의 교수는 인공지능으로 대체될 가능성이 높지만, 아이들과 감정을 나눠야 하는 유치원 및 초등학교 교사의 일자리는 사라지지 않을 것이라는 점은 흥미롭다. 의사 역할의 상당 부분이 인공지능으로 대체될 것으로 예상되지만, 정신건강 전문가는 대체 가능성이 낮은 이유도 이와 비슷하게 설명될 수 있다.

인공지능이 주로 중간층 일자리를 대체하고 있는 이유는 최고 경영자, 고급 연구인력 등 상위층 일자리는 직관적인 판단력과 창의성이 요구되어 인공지능이 대체하기 힘들기 때문이다. 물론 인공지능이 최고 경영자의 판단에 도움을 줄 수 있지만, 최종 결정은 당분간 인간의 몫으로 남아 있을 것이다.

반면에 육체노동이 필요한 하위층 일자리는 기술적으로도 인공지능이 대체하기 힘들지만, 대체로 인한 경제성이 낮기 때문에 인공지능이 대체하기 힘들다. 기술적으로나 경제성 측면에서 봤을 때 인공지능 기술은 하위 육체노동이 필요한 일보다는 중간 사무직 일자리를 대체하기가 훨씬 더 쉽다. 이처럼 인공지능이 중간층 일자리를 집중적으로 대체함으로써 일자리도 상위층과 하위층이 살아남는 양극화 현상이 발생하게 된다.

이와 더불어 일자리 자체 내에서도 이런 양극화 현상이 나타나게 된다. 의사의 경우를 예로 들면 진단과 수술 등은 점차 인공지능이 담당하고, 어떤 치료 방법을 선택할지 등에 대해 환자와 상담하고 결정하는 역할은 의사가 담당하게 된다. 변호사, 약사, 교수 등 전문 분야에서 일부 업무가 인공지능으로 대체되는 현상이 일반화되기 때문에 전문 분야의 전체적인 일자리는 줄어들게 된다.

그렇다면 인공지능에 의해 어떤 일자리들이 늘어날까? 우선 인공지능 도입으로 비용이 낮아지면서 생기는 수요에 의해 일자리가 늘어날 것이다.

현금자동입출금기(ATM)가 도입될 당시에는 많은 창구 직원의 일자리가 사라질 것이라고 예측됐었다. 하지만 ATM 도입으로 은행 지점 개설 비용이 낮아지면서 오히려 은행 지점 수가 늘어나는 현상이 발생했다.

미국의 예를 들면 ATM 도입으로 인해 1988년부터 2004년 사이에 지점 당 창구 직원의 수는 3분의 1 이상이 줄었지만, 도시의 은행 지점 수는 40퍼센트 이상 늘었다. 그 결과 전체적인 은행원의 수는 줄어들지 않은 것으로 나타났다. 물론 ATM의 등장으로 단순 창구 직원들의 일자리는 사라지고, 대출 상담 등 고객을 직접 대하는 일자리는 늘어나는 등 일자리 질이 변하는 현상이 나타났다.

ATM의 등장으로 은행의 일자리가 변함이 없었던 반면에 ATM 제조 및 관리 관련 일자리가 증가한 점을 고려하면 전체적인 일자리는 늘어났다고 볼 수 있다. 물론 인공지능 시대가 본격화하여 인터넷 은행, 모바일 은행이 등장하면 오프라인의 은행원뿐만 아니라 ATM 제조 관련 일자리도 결국 줄어들게 될 것이다.

미래학자 최윤식은 『미래학자의 인공지능 시나리오』라는 저서에서 인공지능 시대에는 어떤 일을 해야 하는가에 대해서 다섯 가지 방안을 제시하고 있다.

첫째, 인공지능이 일할 수 없는 곳에서 일을 한다. 복잡한 3D 업종이나 완전히 창의적인 영역이다.

둘째, 인공지능을 관리 및 유지하는 데 필요한 노동과 지식을 공급하는 일을 한다.

셋째, 인공지능과 함께 협업하는 곳에서 일을 한다.

넷째, 인공지능을 활용해서 인간 노동 생산성을 증가시키는 창의적인 일을 한다.

다섯째, 새로운 인공지능을 만드는 일을 한다.

요약하자면 인공지능이 할 수 없는 일을 하거나, 인공지능을 활용하는 일을 하는 것이 해결책이다. 문제는 인공지능이 할 수 없는 일을 찾기도 어렵거니와 경쟁도 치열하다는 데 있다. 또한 인공지능을 활용하기 위해 필요한 신기술을 익히는 것도 쉽지가 않다. 무인정찰기 한 대를 24시간 공중에서 작동시키려면 약 168명의 인원이 필요하지만, 그런 일자리에 필요한 전문가가 되기는 쉽지가 않다.

인공지능이 만들어내는 또 다른 일자리로는 인간이 할 수 없는 일을 인공지능이 하는 경우가 있다.

원자력 재난 복구 로봇, 심해나 우주 탐사 로봇은 새로운 분야를 개척하기 때문에 일자리를 늘리는 역할을 한다. 이런 로봇을 개발하고 관리하는 데 필요한 일자리도 창출되고, 그와 연관된 산업에서도 일자리가 창출될 수 있다.

심해 탐사 로봇을 이용해 심해 유전을 발견하게 되면 채굴과 운반, 정제 등 다양한 과정에서 일자리가 만들어지게 된다. 물론 심해 탐사 로봇 개발과 보수, 유지, 운용에도 적잖은 인력이 필요하게 될 것이다. 이 경우는 인간이 가진 문제도 해결하고 일자리도 만들어낼 수 있으니 가장 이상적인 경우라고 볼 수 있다.

제프 콜빈은 『인간은 과소평가되었다』에서 인공지능 시대에 살아남기 위해서는 지식노동자가 되지 말고 '관계 노동자'가 되라고 조언하고 있다. 지식은 인공지능에게 밀릴 수밖에 없으니까 인간은 인공지능이 따라 할 수 없는 인간관계에 집중해야 한다는 의미다.

현재도 그렇지만 앞으로는 더욱 능력 있는 사람의 조건으로 지식보다는 얼마나 인간다운지가 더 중요해진다. 회사 내에서도 유능한 직원의 조건으로 커뮤니케이션, 협동성, 공동 창조, 문화적 예민성, 다양한 직원과 소통하는 능력처럼 사회관계와 관련된 우뇌를 사용하는 능력이 우선시 될 것이다.

인공지능이 발전할수록 다른 사람의 얼굴을 보고, 직감적으로 그 사람의 기분을 알아채는 능력은 감퇴되지만, 그런 능력을 찾는 수요는 오히려 늘어나게 된다. 같은 맥락에서 제러미 리프킨은 그의 저서 『노동의 종말』에서 앞으로 유일하게 일자리가 증가할 분야로 사회적 경제 영역이라고 주장하고 있다.

결론적으로 인공지능 시대에 늘어나는 일자리, 최소한 사라지지 않는 일자리는 인간다움을 지키면서 인공지능의 도움을 받아 가치를 창출할 수 있는 일이다. 그리고 모든 논의의 중심에 인간이 있어야 한다. 인공지능이 발전하면서 일자리가 사라질 것이라는 염려는 그 중심에 인간이 사라지기 때문이다.

인공지능이 발전하면 인간이 더 편해지니 좋은 일인데 그 중심에서 인간이 사라지기 때문에 문제가 생기는 것이다.

아무리 인간다움이 인공지능 시대의 일자리를 지키는 조건이라고 주장하지만, 만약 인간이 중심에서 사라진다면 그 논의 자체가 무의미하다. 인공지능이 만드는 세상의 주인이 인간일 때 인간관계, 소통능력, 창의성이 중요해진다. 앞으로 일자리에 대한 해결책을 찾을 때도 인간이 인공지능 시대의 주인공이라는 사실을 염두에 두어야 하는 이유다.

특히 청년 일자리가 줄어드는 이유

요즘 전반적인 실업 문제도 심각하지만, 특히 청년 실업 문제가 심각한 사회 문제로 떠오르고 있다. 청년 실업 문제는 개인의 불행을 넘어 사회 전체에 어두운 그림자를 드리우고 있다. 미래 사회를 이끌어갈 청년들이 제자리를 잡지 못한다면 우리의 앞날은 기대할 수가 없다.

통계청 자료를 보면 한국의 2017년 11월 기준 전체 실업률이 3.2퍼센트인데 비해, 청년 실업률은 9.2퍼센트로 전체 실업률 대비 3배에 달하고, 특히 청년 체감실업률은 21.4퍼센트에 달했다.

한국개발연구원이 2011년에 발표한 〈실업 및 잠재 실업의 측정에 관한 연구〉에 의하면 서울 지역 20대 1,200명을 대상으로 한 표본조사에서도 불완전 취업 등을 포함한 20대의 잠재 실업률이 실제 실업률보다 4.3배나 증가한 것으로 나타났다.

더욱 큰 문제는 기업이 신입사원을 뽑더라도 대부분 아르바이트, 인턴사원 등 임시직, 계약직 형태의 비정규직으로 뽑고 있다는 점이다. 물론 비정규직 증가 문제는 신입사원들에 한정되지 않은 전체 일자리의 문제이기도 하다. 비정규직은 한국의 경제 활동 인구 1,800만 명 가운데 절반 가까운 800만 명으로 그 숫자는 갈수록 증가하고 있다.

청년들의 경우에는 비정규직의 비율이 높은 것도 문제지만, 비정규직의 질이 낮다는 것이 더욱 큰 문제로 대두되고 있다. 서울시의 〈서울시 청년 아르바이트 직업 생태계 실태조사〉에서 서울지역 청년 인구(15세~34세)에 대해 조사한 바에 따르면 2015년 하반기 서울지역 청년 취업자(임금근로자) 중 비정규직은 37.2퍼센트로 전체 비정규직 비율과 비슷하게 나타났다.

하지만 청년 비정규직 중 시간제 노동자가 8.1퍼센트, 15시간미만 초단시간 노동자는 3.6퍼센트로 조사됐다. 이들 청년은 주로 편의점, 음식점. 일반주점, 패스트푸드, 커피전문점 등에서 일하는 것으로 나타났다. 일반 노동자의 비정규직이 기업에 취업돼 있는 비교적 안정된 일자리인 데 반해, 청년들의 경우에는 내일을 기약할 수 없는 아르바이트 형태의 임시직이라는 데 문제의 심각성이 더해지고 있다.

청년들에게 더 비극적인 상황은 앞으로 갈수록 대기업들의 일자리가 줄어들고, 일자리가 생기더라도 비정규직 형태가 된다는 점이다. 경제가 발전해도 일자리가 줄어드는 경향은 숫자로도 나타난다. 1993년과 2003년 사이에 제조업의 생산량은 2배 가까이 증가한 반면 고용 인력은 오히려 20퍼센트 정도 감소했다. 인공지능, 자동화에 의해 생산량은 늘어났지만, 인력은 오히려 줄어드는 현상이 나타나고 있다. 이에 따라 신입사원의 일자리도 갈수록 줄어드는 양상을 보인다.

특히 제조 대기업의 비정규직 일자리 비율이 갈수록 늘어나는 경향을 보이고 있다. 해마다 50만 명가량의 대학 졸업자가 쏟아져 나오는데 반해, 그들이 입사를 꿈꾸는 대기업의 일자리는 2만여 개에 불과하다. 주요 대기업들의 고용 형태의 변화를 보면 정규직이 93만 6,230명에서 94만 5,810명으로 1.0퍼센트 늘어나는 데 그친 데 반해, 계약직은 7만 4,638명에서 7만 7,764명으로 4.2퍼센트 증가했다. 이런 추세는 앞으로 지속되어 갈수록 비정규직의 비율이 커질 것으로 전망된다.

문제는 정부가 적극적으로 나서서 청년 실업 문제를 해결하기 위해 노력하고 있지만, 해결 가능성이 그리 크지 않다는 데 있다. 청년 실업 문제가 단기간에 해결될 수 있는 문제가 아니라, 구조적인 문제이기 때문이다.

그렇다면 청년 일자리가 갈수록 줄어들고, 비정규직의 비율이 증가하는 구조적인 문제는 무엇일까? 그 이유는 인공지능이 단순 업무를 대체하고 있고, 제품 수명이 갈수록 짧아지고 있기 때문이다.

우선 신입사원을 채용하여 교육 양성하고 또 재교육하는 데 드는 비용과 시간을 획기적으로 절약하거나 나아가 아예 이러한 인간 노동력을 대체할 인공지능형 기계들이 속속 개발되면서 신입사원이 설 땅이 점점 더 사라지고 있다.

제품 수명이 짧아진 것도 청년 일자리를 줄이는 큰 요인 중 하나다. 산업사회의 철강, 시멘트, 비료처럼 제품의 수명이 직장 수명보다 긴 경우에는 신입사원을 채용하여 계속 고용하는 것이 기업에 이득이 되었다. 하지만 휴대폰 등 IT제품처럼 제품 수명이 직장 수명보다 훨씬 더 짧아지면서 필요한 인력을 수시로 채용하고, 제품 수명이 끝나면 인력을 내보내는 것이 기업에 유리한 생존 전략이 되었다.

더욱이 제품 수명이 짧아지면서 신입사원을 채용해 긴 시간 훈련시킬 필요성이 줄어들었다. 신입사원을 채용해 훈련시키는 동안 제품 수명이 끝나버리면 비용만 허비하는 꼴이 되기 때문이다. 따라서 신입사원을 채용하더라고 언제든지 내보낼 수 있는 인턴 등 임시직 형태로 고용하고 있는 것이다. 이런 경향은 주주 자본주의가 대세로 자리 잡으면서 인력을 비용으로 간주하고 수시로 인력 감축을 하게 되면서 더욱 심화되고 있다.

제품 수명이 짧아지고, 플랫폼 비즈니스가 부상하면서 비정규직 일자리가 점차 늘어나고 있는 추세다. 플랫폼 기업이 필요에 따라 외부 기업들을 참여시켜 제품이나 서비스를 생산하듯이, 기업도 필요에 따라 외부 인력을 아웃소싱 하는 추세로 점차 바뀌고 있다. 기업이 인턴, 아르바이트 등 비정규직을 채용하던 차원을 넘어 서서히 프리 에이전트(Free Agent, 인력파견업체)를 활용하는 경향으로 바뀌고 있다.

주주 자본주의가 발전하고, 플랫폼 기업이 많은 미국에서는 프리 에이전트가 급격하게 늘어나고 있다. 다니엘 핑크는 그의 저서 『프리 에이전트의 시대』에서 미국이 거대한 프리에이전트의 나라로 변했다고 말하고 있다. 그는 "미국에는 이미 노동자의 4분의 1에 해당하는 3,300만 명의 프리 에이전트 또는 조직 이탈자가 있으며, 이는 제조업 노동자 수의 2배, 노동조합 조합원의 2배"라고 지적했다. 한국은 아직까지는 프리 에이전트가 대세로 자리 잡지는 않았지만, 인공지능 시대가 되면서 프리 에이전트가 급격하게 늘어날 것으로 전망된다.

전통 제조업에 비해 구글, 애플 등 플랫폼 기업들의 채용 인원이 상대적으로 적은 이유도 플랫폼 비즈니스의 특성에 기인한다. 애플이 직접 채용한 직원 수는 적지만, 애플 아이폰의 플랫폼인 앱 스토어에 올리는 앱을 개발하는 사람들의 일자리를 계산하면 전통 제조업의 일자리보다 더 많을 수도 있다. 문제는 플랫폼에 의해 생기는 일자리가 산업사회에서 생각하는 안정적인 정규직 일자리가 아니라는 것이다.

하지만 산업사회의 유급 일자리도 원래부터 있었던 일자리 개념이 아니라, 산업사회에 들어서면서 불과 수백 년 전에 만들어졌다는 점을 상기할 필요가 있다. 인공지능 시대에 맞는 일자리가 산업사회에서의 일자리와는 그 개념이 다를 수밖에 없는 것이다.

인공지능 시대가 되면서 청년들의 일자리가 사라진다고 걱정할 것이 아니라, 인공지능 시대에 맞는 일자리를 그들이 찾을 수 있도록 도와주는 게 중요하다. 앱 개발자로 일하는 청년들을 걱정할 게 아니라, 그들이 더 창의적인 앱을 개발해 돈도 벌고 보람도 느낄 수 있도록 격려하고 도와주는 게 바람직하다.

또 인공지능 시대의 일자리가 불안정할 수밖에 없다는 점을 인정하고 이에 맞는 사회 보장 제도를 마련하는 것도 필요하다.

이런 노력이 결실을 맺는다면 청년들은 산업사회 역군들처럼 허리가 휘도록 일하던 일자리가 아니라, 즐겁게 창의적인 일을 하면서 삶의 보람을 느끼는 그런 일자리를 가질 수 있게 될 것이다.

일자리 개념의 변화

인공지능 시대의 일자리에 대해서 생각할 때 산업사회의 관점에서 해석하는 것은 어쩌면 당연한 일일지도 모른다. 현재의 대부분의 일자리는 산업사회에서 만들어졌기 때문이다. 전적으로 노동력을 팔아 생계를 유지하는 것은 산업사회 이전에서는 생각할 수 없는 일이었다. 더욱이 가정과 떨어진 작업장에서 규격화된 일을 기계처럼 반복하면서 그에 따른 대가를 금전으로 받는 일은 산업사회에서 굳어진 일자리 개념이다. 이런 산업사회의 일자리 개념은 대량생산의 필요성에 의해 만들어진 것이다.

그런데 산업사회에 만들어진 이러한 일자리가 이상적이라고 볼 수 있는가에 대해서는 생각해 볼 필요가 있다. 물론 농경사회에서도 농부들이 일하는 시간은 길고 힘겨웠지만, 산업사회에서 노동자들은 매주 60시간, 즉 토요일을 포함하여 하루 10시간을 일해야 했다. 산업사회 초기에는 대부분의 노동자들은 몸을 움직일 수 없을 정도가 되거나 죽을 때까지 일해야 했다. 은퇴라는 개념이 생기고 토요일과 일요일 등 주말에 쉬는 노동시간에 대한 개념은 최근에 생긴 것이다.

농경사회와 산업사회에서 농부와 노동자들은 평생을 생계를 위해 일해야만 했다. 인공지능 시대가 되면서 인간이 기계처럼 반복하던 업무를 기계가 대신하는 것이기 때문에 오히려 인간이 기계처럼 대접받지 않게 되었다고 생각을 바꿔볼 필요가 있다. 어찌 보면 인간이 기계 취급받았던 산업사회에서의 일자리 개념에 오히려 문제가 있었던 것이다. 물론 인간이 비록 기계 취급을 받았지만, 그래도 일자리를 통해 수입을 올릴 수 있었는데, 그 일자리를 뺏김으로써 수입이 줄어드는 문제가 생기긴 했다. 하지만 이는 별도로 풀어야할 문제이지, 인공지능 시대가 되어 인간이 기계처럼 일하지 않고 인간다운 일을 할 수 있는 기회를 가지게 되었다는 사실을 부정할 필요는 없다.

이런 의미에서 인공지능 시대가 되면서 어느 정도의 일자리가 사라지고 어느 정도의 일자리가 생겨날 것이라고 단순 비교하는 것은 의미가 없다. 숫자적으로 단순 비교하여 전체적으로 얼마만큼의 일자리가 사라진다든가, 반대로 얼마만큼의 일자리가 더 생겨날 것이라고 주장하는 것은 본질을 벗어난 논쟁일 뿐이다.

인공지능 시대의 일자리 문제에 대비하면서 가장 큰 장애 요인 중 하나는 우리가 산업사회의 일자리 개념에 너무 익숙해 있다는 점이다. 산업사회에서 가장 이상적인 일자리는 전일제, 정규직 임금 노동이다. 이런 산업사회에서의 일자리 개념은 농경사회에서는 상상할 수 없는 개념이었다. 하지만 산업사회에 형성된 전일제, 정규직 임금 노동이 이상적인 일자리 개념은 아니다. 농경사회에서도 마찬가지였지만, 산업사회에서의 일은 주로 생계를 위한 수단이었지, 인간의 삶을 행복하게 하는 수단이 아니었다. 문제는 인간적인 삶을 포기하고 노동을 팔아 경제적인 안락을 추구하는 전일제, 정규직 임금 노동에 익숙해지다 보니, 이제는 그런 일자리를 선호하게 되었다는 데 있다.

2013년에 갤럽이 전 세계적으로 실시한 조사에 따르면, 조사 대상 중 겨우 13퍼센트만이 자신이 하는 일을 좋아한다고 했다. 이런 조사를 인용하지 않더라도 산업사회에서 자신이 좋아하는 일을 하면서 생계가 유지되는 일자리를 가진 사람의 비율이 그리 크지 않다는 사실은 분명하다. 그런 상황에서 산업사회의 일자리를 유지해야 한다고 고집한다는 건 어리석은 일이지 않을까. 그보다는 인공지능 시대를 맞아 일자리에 대한 개념을 새롭게 정립하고 더 나은 삶을 위한 일자리를 창출해내는 계기로 삼는 게 더 바람직하다.

미국의 수학자 노버트 위너는 이미 1950년대에 『인간을 이용하는 인간』에서 "자동화 기계는 그야말로 경제 분야에서 노동하는 노예나 다름없다. 그런 노예와 경쟁을 벌이는 노동자라면 그 노예의 노동 조건들을 그대로 받아들이지 않을 수 없다."고 설파했다. 위너는 인공지능 시대가 되어 인공지능이 인간의 일자리를 빼앗아갈 것이라고 반발할 게 아니라, 인공지능이 인간을 노예 상태에서 해방시켜 인간다운 삶을 살 수 있는 기회를 제공한다고 생각을 바꿔보라고 권유하고 있는 것이다.

인공지능 시대를 맞아 일자리에 대한 개념을 바꾸기 위해서는 노동자들의 노력도 필요하지만, 기업과 정부의 뒷받침이 필수적이다.

기업은 현재 인공지능의 도입으로 인한 인건비 절감의 몫과 플랫폼 효과에 의한 이익을 모두 챙기고 있다. 기업의 독점적인 이익 챙기기는 긱 이코노미의 확산과 플랫폼을 통한 네트워크 생산으로 더욱 심화될 가능성이 크다. 긱 이코노미와 네트워크 생산은 기업이 부담은 외부화하고 이익만 챙기도록 돕고 있다. 하지만 자본주의 체제에 기반한 이런 행태는 기업에 단기적인 이익은 추구할 수 있도록 할지 모르겠지만, 장기적으로는 기업에도 부메랑으로 돌아올 수 있다.

기업은 긱 이코노미와 플랫폼 효과에 의해 외부화한 임금인상, 공적 부담(국민연금, 건강보험료 부담 등)이나 복지제도에 대한 부담을 더는 대신에 노동자들에게 여유로운 삶을 살 수 있는 기회를 제공해야 한다. 기업 입장에서도 직원들에게 생존 걱정이 없으면서 하고 싶은 일을 할 수 있는 여유로운 삶을 제공함으로써 직원들이 창의적인 사고를 할 수 있도록 하는 효과를 거둘 수 있다. 이런 노력을 통해 기업에는 인공지능 시대에 필수적인 창의적인 사고를 할 수 있는 직원들이 늘어나고, 직원들은 하고 싶은 일을 하면서도 여유로운 삶을 누리는 상생의 관계가 형성되는 이상적인 사회가 만들어질 수 있다.

이 과정에서 정부의 역할도 중요하다. 기업과 직원들이 상생의 관계를 형성할 수 있도록 제도적 뒷받침을 해야 한다. 기업 자본이 인공지능으로 인한 이익을 독차지하지 못하도록 제도를 개선하는 것이 무엇보다 중요하다.

인공지능 시대의 일자리가 긱 이코노미 등으로 불안정해질 수밖에 없다는 점을 감안하여 기본소득 제도 등을 조기에 도입하는 것도 적극 검토해야 한다. 기업의 플랫폼에 모이는 빅 데이터를 기업 소유가 아닌 공공재로서 사회 전체의 소유가 될 수 있도록 정부가 적극적인 역할을 수행해야 한다.

팀 던럽이 『노동 없는 미래』에서 기술했듯이 새로운 기술이 현재 우리가 하고 있는 일과 그 방식을 근본적으로 변화시킬 것이며, 일자리의 미래는 단순한 기술적 문제가 아니라, 그 기술을 어떻게 활용할 것인지를 누가 결정하느냐는 정치적 문제이기도 하다는 점을 명심해야 한다.

유엔미래포럼의 〈2050 미래 일자리 프로젝트〉에서 지적했듯이 우리의 미래는 일자리 경제(Job Economy)에서 자아실현 경제(Self-Actualization Economy)로 전환될 수 있는 기회를 맞이했다.

제롬 글렌의 주장대로 우리는 태어나면서부터 일을 해야 먹고산다는 패러다임에서 벗어나 2050년경이 되면 경제 패러다임이 변해서 일할 필요가 없는 경제, 즉 사람들은 하고 싶은 일을 하는 자아실현 경제가 실현되는 풍요로운 사회에서 살게 되는 인공지능 시대를 맞이할 수 있을 것이다.

제4장

번영을 보장하는 기업

- 대량생산 기업보다 맞춤형생산 기업
- 소프트웨어를 중요시하는 기업
- 고객과의 상생을 추구하는 기업
- 창의적인 인재를 제대로 대우하는 기업
- 주주가 아닌 사회를 위한 기업

일자리 문제를 다룰 때 빼놓을 수 없는 것이 취업을 하려는 기업이, 아니면 현재 직장생활을 하고 있는 기업이, 또는 자신이 창업하려고 준비하고 있는 기업이 인공지능 시대의 패러다임에 맞는지 어떻게 판별할 것이냐 하는 문제다. 인공지능 시대 패러다임에 맞지 않는 기업은 도태될 것이고, 그러면 그 기업에서 제공하던 일자리는 사라질 것이기 때문이다.

대부분의 한국 기업들은 산업사회에서 성공한 기업들이다. 즉 현재 한국에서 성공한 기업들은 산업사회의 패러다임에 적합하도록 체질화되어 있다. 특히 일본에서 시작했지만, 이제는 한국에서만 흔적이 남아 있는 독특한 재벌 기업 구조는 인공지능 시대의 패러다임에는 완전히 어긋난다. 자본 기반의 수직적 구조를 갖는 재벌 기업은 기술 기반의 수평적 구조를 가져야 하는 인공지능 시대의 기업과는 완전히 정반대 구조를 갖고 있다.

인공지능 시대가 되어도 결국 제조업 기반 기업은 사라지지 않을 것이기 때문에 크게 걱정하지 않아도 된다는 반론이 있다. 인공지능 시대의 플랫폼 기업이 출현하더라도 결국 제조업 기반의 기업 또는 개인을 플랫폼으로 연결하는 것이기 때문에 제조업 기반의 한국 기업들에게도 얼마든지 기회가 있다는 논리다.

이는 삼성전자가 인공지능 시대의 기업으로 제대로 전환하지 못했어도, 세계적인 플랫폼 기업들의 성장으로 반도체 수요가 늘어나면서 혜택을 보고 있다는 사실에서 나오는 반론이다. 물론 인공지능 시대가 되어도 특정 제조업 분야에서 차별화된 1등 기업이 되면 살아남을 수 있다. 문제는 특정 제조업 분야에서 지속적으로 1등을 유지하기가 힘들다는 점이다.

비록 지금은 삼성전자가 반도체 분야에서 1등을 하고 있지만, 중국 기업들을 비롯한 후발주자들이 언제 추월할지 모르는 상황이다. 더욱 큰 문제는 삼성전자와 함께 한국 경제를 떠받들고 있는 현대·기아 자동차의 경우에는 수년 안에 상용화될 것으로 보이는 자율주행자동차의 등장으로 큰 위기를 맞을 것이 분명한데, 아직 뚜렷한 대책을 세우고 있지 않다는 점이다.

인공지능 시대에 들어서면서 닥치는 또 하나의 문제는 공급 과잉과 한계비용 제로 사회의 출현이다. 정보재의 경우에는 이미 공급 과잉과 한계비용 제로 상태가 되었으며, 일반 재화의 경우에도 서서히 공급 과잉과 한계비용 제로 상태로 변하고 있다.
현재도 조선 산업은 공급과잉으로 이미 위기상황에 돌입하고 있으며, 앞으로 자동차, 철강, 석유 등도 공급 과잉 상태가 될 것이다.
앞으로 닥칠 공급 과잉 문제는 공급이 많아져서 생기는 문제라기보다는 수요가 줄어들기 때문인 경우가 더 많다. 자율주행자동차의 등장에 의한 자동차 공유의 확산으로 자동차 시장이 줄어드는 것이 대표적인 예다. 이에 따라 철강 수요가 줄어들게 되면서 철강도 공급과잉이 된다. 더욱이 3D 프린터의 보급 확산과 자동화에 의한 리쇼어링에 의해 현지 생산이 늘어나면서 수송 수요가 줄어들고, 그에 따라 휘발유 등 연료 수요도 줄어든다. 한계비용이 줄어들면 처음에는 기업에 이득이 되겠지만, 궁극적으로는 한계비용을 낮추지 못하는 기업이 도태되는 위기상황이 조성된다. 한계비용을 낮추기 위해서는 공유와 상생에 기반한 네트워크 생산, 즉 수평적 아웃소싱 개념을 받아들여야 한다. 하지만 한국 기업들은 아직도 수직 계열화 내지 갑을 관계에 기반한 아웃소싱 개념을 고집하고 있다.
인공지능 시대의 선두기업들이 플랫폼을 통해 개인들도 1인 기업으로 활동할 수 있는 터전을 마련해주고 있는 반면에 한국 기업들은 개인들뿐만 아니라 중소기업에도 을로서 납품할 것을 강요하고 있는 상황이다. 물론 플랫폼 기업들이 한국 기업들보다 더 선하다는 의미는 아니다. 하지만 플랫폼 기업들이 비용을 외부화하면서 오히려 더 착취하고 있는데도 불구하고 비난을 덜 받는 이유를 한국 기업들은 생각해 볼 필요가 있다.

대량생산 기업보다 맞춤형생산 기업

과거에는 양복을 사려면 동네 양복점에서 치수를 재고, 가봉을 한 다음, 옷이 완성되었다는 연락을 받고 찾으러 갔다. 그런 과정을 거쳐서 양복 한 벌을 입었다. 그러나 양복점의 재단사가 개인별로 재단하여 양복을 만들던 방식은 기성복의 등장으로 하루아침에 사라지고 말았다. 기성복은 대량으로 만들기 때문에 가격이 쌌고, 입어보고 바로 살 수 있어서 동네 양복점이 경쟁상대가 될 수 없었다.

하지만 요즘 다시 맞춤형 양복이 다시 무대에 올라왔다. 몸 치수 데이터를 보내면 3차원 영상으로 살펴보면서 디자인한 후 자동 재단기로 바로 만들어 택배로 보내온다. 이런 맞춤형 서비스는 이미 여러 형태로 제공되고 있다. 일본의 유니클로는 고객이 웹사이트에서 사고 싶은 옷을 선택하고 키, 연령, 체중이나 신체의 특징을 입력하면 그에 맞춰서 추천 사이즈를 제안한다.

스웨덴의 버추사이즈는 과거에 고객이 구입했던 정장과 비교한 사이즈를 이미지로 표시해주는 서비스를 제공하고 있다. 또 영국의 핏츠미(Fitsme)도 고객이 키나 허리둘레 등을 입력하면 자신을 닮은 체형의 모델이 착용한 이미지를 화면에 보여주는 가상 착용 서비스를 제공하고 있다. 이스라엘의 쇼핑업체인 지킷(Zeekit)은 고객이 앱에 올린 신체 이미지에 원하는 의상들을 가상 착용한 이미지를 보여주면서 자신에게 가장 적합한 옷을 고를 수 있도록 해준다.

산업혁명 시대에는 기업들이 소품종 대량생산을 통해 원가를 낮춤으로써 고객의 요구에 부응했다면, 인공지능 시대에는 기업들이 디지털 변환, 즉 데이터 기반의 생산-유통-사후 관리로 다품종 맞춤 생산으로 전환하고 있다.

독일의 주방가구 1위 업체인 노빌리아는 지금까지 규격화된 제품을 대량생산해 왔지만, 이제는 고객의 요구에 따라 맞춤형 주방가구도 생산하고 있다. 노빌리아는 2015년 대량생산에 맞춘 벨트 컨베이어 식 공장 시스템을 주문이 들어오면 제작하는 고객 맞춤형으로 바꿨다. 노빌리아는 2016년 총 74종의 부엌 가구를 선보였는데, 고객이 원하는 바에 맞춰서 더 많은 종류의 부엌 가구를 만들 수 있다. 가구의 색을 바꾸는 것은 물론, 소비자들이 인터넷에서 보고 손잡이 위치를 바꾸거나, 아예 다른 제품의 부품을 결합할 수도 있도록 하고 있다.

스웨덴의 대표적인 가구업체인 이케아는 가구를 사기 전에 마음에 드는 가구를 방이나 사무실에 미리 배치해 보거나 디자인할 수 있는 서비스를 제공하고 있다. 즉 AR(증강현실) 앱인 '이케아 플레이스(IKEA Place)'를 통해 가구를 배치해 보고 쇼핑할 수 있도록 하고 있다.

독일 스포츠용품 회사인 아디다스는 로봇과 3D 프린터가 결합해 소비자가 원하는 신발을 맞춤형으로 제작해 주는 스피드 팩토리를 구축했다. 그 결과 20일이 소요되던 맞춤형 신발 제작 기간을 단 하루로 단축했다. 소비자가 원하는 스타일의 신발을 주문하면 제작 하루, 배달 하루가 걸려 총 이틀 만에 공급하는 제조 혁명을 일으킨 것이다.

스피드 팩토리는 단순히 공장만 자동화한 게 아니라, 각 개인에게 최적화된 제품을 최단 시간에 만들어 공급한다. 신발 끈, 깔창, 굽의 색깔 등 수백만 가지 옵션 중 소비자가 원하는 것을 선택하면 5시간 안에 제품이 완성된다. 고객이 원하는 차별화된 맞춤형 생산 시대를 열고 있는 것이다.

대표적인 대량생산 제품으로 꼽히는 자동차도 자동차 튜닝 산업이 발전한 미국에서 고객 맞춤형 자동차 형태로 생산되기 시작했다. 2008년 스타트업으로 출발한 로컬모터스가 대표적인 고객 맞춤형 자동차 제작회사다. 로컬모터스는 독특한 제작 방식과 디자인으로 고객의 주문에 따라 세상에 하나뿐인 수제 자동차를 만들고 있다. 로컬모터스는 2015년 11월 열린 세계 최대의 자동차 튜닝 박람회인 '세마국제모터쇼 2015'에서 세 번째 모델인 탄소섬유가 강화된 열가소성 물질을 3D 프린터로 출력해 만든 전기자동차 '스윔'을 선보였다. 스윔은 7,000만 원에 이르는 고가지만 예약이 끊이지 않을 정도로 인기가 높다.

인공지능 시대에 본격 진입하면서 고객 맞춤형 생산은 단순히 고객의 요구에 맞추는 수준을 넘어 고객의 요구를 예측하고 제안하는 수준으로 발전하고 있다. 고객 요구 예측은 빅 데이터 분석을 통해 본격적으로 이루어지고 있다. 즉 빅 데이터 분석을 통해 고객도 모르는 고객의 잠재적인 요구 사항을 알아내고 제안하여 새로운 수요를 창출하는 것이다.

헨리 포드는 생전에 만약 사람들에게 원하는 것이 무엇인지 물으면 가장 빠른 말이라고 대답할 것이라 했다. 주요 이동 수단으로 말만 이용했던 당시 사람들의 입장에서는 차보다는 빠른 말이 필요하다고 대답하는 것은 당연한 논리다. 하지만 포드는 사람들이 겉으로는 빠른 말을 원한다고 하지만, 실제로는 빠른 운송수단을 원한다는 사실을 간파하고 빠른 말 대신 자동차를 제공하여 성공할 수 있었다.

고객들은 원하는 바를 구체적으로 표현하는 경우도 있지만, 표현하지 않거나 못하는 경우도 많다. 따라서 기업이 단순히 설문조사 등을 통해 고객이 원하는 바를 조사하면 실패할 수 있다는 사실을 알아야 한다. 하지만 빅 데이터를 활용하면 고객들의 잠재적인 혹은 숨겨진 의도까지 파악할 수 있다. 즉 인공지능 시대 기업들은 빅 데이터를 활용하여 고객의 의도를 정확히 알아냄으로써 그들의 상품이나 서비스의 가치를 고객의 잠재된 욕구에 맞출 수 있게 되었다.

빅 데이터를 활용해 고객의 숨은 요구를 정확하게 알아낸 대표적인 사례로 미국 2위 유통기업 타깃이 자주 거론된다.

타깃의 한 점장이 고객으로부터 "내 고등학생 딸에게 왜 아기 옷이랑 아기 침대 할인 쿠폰을 보냈느냐?"는 항의를 받았다. 그 점장은 일단 진상을 파악하겠다고 약속하고 며칠 후 조사 상황을 설명하기 위해 그 고객의 집을 방문했는데, 그 고객으로부터 실제 자신의 딸이 임신했다는 얘기를 들었다. 그렇다면 타깃은 어떻게 알지도 못하는 고등학생이 임신했다는 사실을 알았을까? 그 이유는 타깃이 개발한 빅 데이터를 활용한 임신 예측 시스템 때문이었다. 그 고등학생은 비타민, 엽산 등 각종 영양 보충제를 사기 시작하고, 커피 같은 민감한 음료는 급격히 소비를 줄이는 것으로 나타나 임신 가능성이 높은 것으로 보았다. 그래서 타깃에서 출산에 필요한 용품을 구입할 것으로 예측되어 해당 쿠폰을 보낸 것이다. 이처럼 빅 데이터를 이용한 예측 프로그램은 고객의 숨은 요구를 정확하게 파악하여 고객 맞춤형 서비스 제공을 가능하게 하고 있다.

아마존은 빅 데이터를 이용한 추천 시스템이 얼마나 강력한 경쟁 수단이 될 수 있는지 일찍이 알아채고, 지금까지도 업계의 대표 사례로 꼽고 있는 추천 시스템을 개발해서 활용하고 있다. 아마존은 협력 필터링(Collaborative Filtering) 알고리즘을 사용해서 고객의 구매 패턴을 다른 사람과 비교하는 방식으로 수많은 책이나 물건들 중에서 해당 고객이 구매하기를 원할 가능성이 높은 것들을 추려내어 추천한다.

또한 앱 스토어에서 가장 인기 있는 음악 추천 앱 중 하나인 판도라(Pandora)는 개인 맞춤화된 음악방송 사이트를 표방하지만, 실제로는 고객 취향과 행동 관계를 분석하는 사이트이기도 하다. 판도라는 매우 효율적으로 고객의 취향에 맞는 신곡을 찾아내어 고객에게 제공한다. 심지어 판도라는 이러한 서비스를 무료로 제공하고 있는데, 그 이유는 판도라의 사업 목적이 단순히 음악을 효과적으로 고객에게 추천하는 데 그치지 않고, 고객의 취향을 정확하게 파악하여 고객이 어떤 제품을 구매할지 예측하고자 하기 때문이다. 구글도 같은 이유로 검색과 이메일 등 다양한 서비스를 무료로 제공하고 있다.

공급 과잉 시대를 맞이하여 기업들은 고객의 수요를 예측하여 재고 부담도 덜고, 수요도 확보하는 전략을 사용하고 있다.

스레드리스(Threadless)는 정보 기술 서비스, 웹 디자인, 컨설팅 분야 전문가들이 설립한 티셔츠 회사다. 스레드리스는 매주 외부 참가자들을 대상으로 티셔츠 디자인 콘테스트를 주최한 다음, 가장 인기 있는 디자인의 티셔츠만 찍어서 판매하는 비즈니스 전략을 채택하고 있다. 숙련된 디자이너들이 상과 명예를 얻으려고 경쟁하기 때문에 스레드리스는 예술적 재능을 지닌 사람을 별도로 고용할 필요가 없다. 디자인 콘테스트에 참여한 열정적인 디자이너들이 친구들에게 자신의 디자인에 투표하고, 티셔츠를 팔아달라고 애원할 것이기 때문에 스레드리스는 별도로 마케팅을 할 필요도 없다. 투표에 참여하는 고객들이 이미 얼마나 살 것인지 밝혔기 때문에 판매량을 추정하거나 여분의 재고를 확보할 필요도 없다. 스레드리스는 생산을 아웃소싱해서 유통 비용과 재고 비용을 줄일 수 있어서 적은 투자로 빠르고 쉽게 성장했다.

식료품 제조업체 네슬레는 주요 재료인 바닐라의 원가 절감을 위해 다양한 유형의 빅 데이터를 활용하여 재료 종류와 공급업체를 줄임으로써 연간 3,000만 달러를 절약하였다. 또한 네슬레는 이른바 크라우드소싱(Crowd Sourcing)을 통해 고객의 선호도를 SNS로 수집하여 제품 개발 단계에서부터 반영하여 고객의 수요를 이끌어내고 있다. 이처럼 실시간 데이터로 정밀한 예측과 조정을 하면 실제 판매 시점에서의 제품 공급량과 수요량의 차이를 최소화해 재고와 물류비용을 줄임으로써 생산성을 높일 수 있다.

최근에는 네슬레의 경우처럼 직접적으로 수요를 파악하지 않고, 이메일, 블로그, SNS와 같은 비구조적 데이터 분석을 통해 직접 표출하지 않고 마음속에 숨어 있는 고객의 감성을 기업이 알아낼 수 있는 기법이 개발되고 있다. 앞으로 점점 더 SNS 등 고객이 직접 생산해 내는 콘텐츠(즉 빅 데이터)가 많아질 것이기 때문에 고객의 숨은 의도를 알아내는 기법의 중요성은 커질 것이다.

그렇다면 고객 맞춤형 서비스의 중요도가 점점 더 커지고 있는 인공지능 시대를 맞아 한국 기업들은 제대로 대응하고 있을까?

한마디로 말하자면 전혀 대응하지 못하고 있다. 기껏해야 지금도 고객 만족, 고객 중심 경영전략을 부르짖으며 그마저도 구호에 그치고 있는 실정이다. 인공지능 시대의 고객 맞춤형 서비스는 단순히 고객 만족, 고객 중심의 구태의연한 경영 전략으로는 달성할 수 없다.

한국 기업들이 고객 맞춤형 서비스를 실현하기 위해서는 인공지능 시대의 패러다임을 제대로 이해해야만 한다. 기업과 고객을 이분법적으로 구별하지 않고 기업과 고객이 수평적인 관계의 파트너라는 사실을 인식해야만 한다. 나아가 다른 기업들과도 경쟁에 기반한 수직적인 관계가 아니라, 공유와 상생에 기반한 수평적인 관계라는 사실을 인식해야만 한다. 이런 근본적인 패러다임 변화가 없다면 한국의 기업들은 인공지능 시대의 낙오자가 될 것이다.

인공지능 시대의 선두기업들은 고객 맞춤형 서비스에 활용 중인 빅 데이터의 문제점을 해결하는 단계로 접어들고 있다. 즉 빅 데이터의 활용을 위한 보안 강화, 프라이버시 보호 등의 문제점을 해결하기 위해 다양한 해결책을 강구하고 있는 중이다. 인공지능 시대 선두기업들이 이처럼 고객 맞춤형 서비스 경쟁에서 이기기 위해 달리기를 준비하고 있는 지금도 한국 기업들은 아직 걸음마도 시작하지 못한 수준에 머물고 있다.

문제는 이제 고객 맞춤형 서비스가 빅 데이터를 넘어 3D 프린터의 상용화로 한 단계 더 진화할 것이라는 점이다. 아직 빅 데이터도 제대로 활용하지 못하고 있는 한국 기업들이 점점 더 뒤처지지 않을까 걱정이 되는 이유다.

소프트웨어를 중요시하는 기업

메인 프레임 형태의 컴퓨터 하드웨어는 초기에는 유니박 등 여러 컴퓨터 회사가 경쟁을 벌였지만, 가장 성공한 기업은 IBM이다. IBM은 PC의 등장으로 잠깐 애플에 밀리기도 했지만, 곧장 따라잡으면서 컴퓨터 하드웨어 분야의 절대적 강자로 군림했다. 하지만 IBM의 전성시대는 델, 애플 등 경쟁회사에 의해서가 아니라, 엉뚱하게도 소프트웨어 업체인 마이크로소프트에 의해 마감되었다.

IBM은 1981년 최초로 개발한 보급형 PC의 운영체계로 마이크로소프트에서 개발한 소프트웨어를 이용하기로 했다. 운영체계인 소프트웨어의 중요성을 알아보지 못한 IBM은 그 소프트웨어의 소유권을 마이크로소프트에 그대로 남겨 두었다. 1975년 폴 엘런과 빌 게이츠에 의해 설립된 마이크로소프트는 IBM에 적용된 운영체계 소프트웨어 하나로 IBM을 뛰어넘는 거대기업이 되었다. 만약 IBM이 운영체계 소프트웨어의 중요성을 알아봤다면 오늘날의 마이크로소프트는 존재할 수 없었을 것이다.

갈수록 소프트웨어의 중요성이 커지고 있지만, 과거 산업사회에서도 소프트웨어의 중요성은 간과할 수 없을 정도로 컸다. GM이 자동차 회사로서 크게 성공할 수 있었던 이유는 자동차를 잘 만들었기 때문이기도 하지만, 할부 구매를 할 수 있도록 한 금융 소프트웨어 덕분이 더 컸다. 한꺼번에 목돈을 들여 자동차를 구입할 형편이 되지 않았던 서민들에게 매달 조금씩 돈을 지불하면서 자동차를 구입할 수 있도록 한 할부 구매 프로그램 덕분에 폭발적인 수요 창출이 이루어졌다. 이런 할부 프로그램의 성공은 현재도 자동차 구매뿐만 아니라 정수기, 휴대폰, 가구 등 다양한 제품 구매에 이어지고 있다.

마이크로소프트의 뒤를 이어 현재 세계적으로 주목을 받고 잘 나가고 있는 IT 기업들로는 구글, 페이스북 등과 스마트폰을 앞세운 애플, 삼성전자 등이 있다. 이 기업들 중에서 하드웨어에 집중하는 곳은 삼성전자뿐이다. 다른 기업들은 모두 소프트웨어 중심의 강력한 서비스 사업 역량과 거대한 사용자 플랫폼을 갖추고 있다.

이처럼 하드웨어 제조업체가 쇠퇴하고 소프트웨어 중심의 서비스 플랫폼 기업이 득세하는 이유는 기업 경쟁력이 하드웨어가 아니라 소프트웨어에 의해 결정되고 있기 때문이다. 2000년대 중반까지만 해도 제품의 가치를 결정짓는 핵심 요소는 하드웨어였다.

IT 제품을 차별화하는 핵심 요인은 인텔의 칩을 사용하느냐의 여부였다. 따라서 IT 제품에 부착된 '인텔 인사이드(Intel Inside)'라는 표시는 우수한 제품의 보증 수표로 통했다. 하지만 최근 들어서는 대부분의 IT 부품 관련 기술이 표준화되고, 시장에서 조달 가능한 범용 칩에도 인텔 칩 못지않은 다양한 기능이 내장되어 있다. 따라서 시중에서 범용 부품만 잘 사다가 조립해도 충분한 성능이 나오기 때문에, 인텔 칩 같은 비싼 칩을 고집할 이유가 없어졌다. 즉 하드웨어로는 제품 차별화하기가 힘든 시대가 되었다.

이런 이유로 요즘은 굳이 자체 제조를 하지 않고 아웃소싱을 광범위하게 활용하는 네트워크형 비즈니스가 일반화되었다. 세계 스마트폰 시장을 석권하고 있는 애플이나, 미국 TV 시장의 강자 비지오(Vizio)가 자체 생산 능력을 갖추지 않고도 아웃소싱 생산을 통해 성공 가도를 달리고 있다.

반면에 하드웨어 특성만으로는 차별화가 어려워지면서 대부분 하드웨어 업체는 고전을 면치 못하고 있다. 물론 삼성전자의 경우에는 반도체가 가격뿐만 아니라 품질 면에서도 앞서가면서 그나마 경쟁력을 유지하고 있다. 하지만 삼성전자는 중국 기업 등에 추월당할 염려가 커지고 있고, 삼성전자의 경쟁력은 다른 플랫폼 비즈니스 업체에 비해서 떨어진다.

현재 평면 TV 분야에서 삼성과 1, 2위를 다투는 비지오는 한 해의 TV 판매량이 600만 대가 넘을 정도로 대기업이지만 전체 임직원은 168명에 불과하고, 사무실은 캘리포니아주 어바인의 조그만 2층짜리 건물이 전부다. 삼성전자의 대규모 공장과 인력과 비교할 수 없을 정도의 소규모 인원과 공장이 없이 비지오는 경쟁사 대비 30퍼센트 저렴한 제품을 공급하면서 북미 시장매출 1위를 기록하고 있다. 매출액이 2003년에 1,700만 달러에서 2009년에는 25억 달러로 불과 6년 사이에 무려 150배나 증가했다.

PC 하드웨어로 전성기를 구가했던 IBM은 슈퍼컴퓨터를 이용한 인공지능 왓슨을 개발하면서 재도약에 나서고 있다. 인공지능 왓슨은 퀴즈대회에서 승리를 거두면서 유명세를 타기 시작했고, 의료 분야에 투입되면서 그 진가를 발휘하고 있다. 또 IBM은 시티그룹과 손잡고 왓슨을 디지털 뱅킹 분야에 적용해서, 고객 니즈를 분석하고 엄청난 양의 최신 금융, 경제, 상품, 고객 데이터를 처리하면서 신속하게 개인별로 맞춤화된 솔루션을 제공할 계획이다.

이처럼 인공지능을 이용해 빅 데이터를 처리하는 새로운 비즈니스 방식은 고객들에게 한 차원 다른 새로운 서비스를 제공할 수 있도록 하고 있다. GM은 온스타(OnStar) 원격측정 시스템의 측정 데이터로 자동차 운전자에게 차량 보안과 함께 각종 정보 제공 및 차량 진단이라는 새로운 서비스를 제공하고 있다. 더 나아가 2007년부터는 온스타와 GMAC 보험이 손을 잡고 고객 차량의 이동 거리를 원격으로 측정하여 이동 거리가 짧은 운전자에게 낮은 보험료를 부과하는 프로그램을 개발했다.

인공지능 시대를 맞아 위기를 맞고 있는 전통적인 제조업의 경우에도 소프트웨어를 활용한 비즈니스 전략으로 돌파구를 마련하고 있는 기업들이 늘고 있다.

중장비 제조업의 경우 세계 1위인 두산이 기존 방식을 고집하면서 고전하고 있을 때, 세계 2위 업체인 일본 코마츠는 소프트웨어 비즈니스를 도입해 10퍼센트 이상의 영업 이익률을 유지했다.

코마츠는 전 세계에 판매한 중장비 40만 대를 점검, 관리하는 원격감시 시스템 '콤트랙스(KOMTRAX)'를 개발하여 운영하고 있다. 코마츠는 장비의 각 부품에 센서를 장착하고, 그 센서들을 통해 수집된 데이터를 휴대전화통신망과 GPS를 통해 실시간 관제센터에서 수집하고 있다. 수집된 데이터를 분석하면 고객들의 중장비 위치, 가동 시간, 기계의 이상 등을 실시간으로 체크할 수 있고, 큰 고장 요인을 사전에 파악하여 예방함으로써 수리비용을 절감하고 수리기간을 단축할 수 있다. 즉 고객에게 우수한 장비관리 소프트웨어를 제공함으로써 고객들에게 이익을 가져다주기 때문에 시장점유율을 높일 수 있었던 것이다.

제조업 분야 선두주자인 GE도 서비스업 중심의 소프트웨어 기업으로 변신하겠다고 선언했다. 하드웨어 사업 부분 중에서 가전 부문을 중국 하이얼에 팔고, 금융사업도 웰스파고에 매각했다. 그 대신에 산업용 운영체제(OS)인 프레딕스를 개발하여 GE의 주력 제품인 엔진과 기계·헬스케어 제품에 적용한 다음 유지 관리와 컨설팅·금융 서비스를 통합한 솔루션 패키지 사업에 집중하겠다는 계획이다. GE는 엔진에 부착된 센서와 산업용 IoT를 통해 다양한 데이터를 실시간으로 수집하고 프레딕스를 통해 분석함으로써 수익을 창출할 수 있다고 주장한다. GE는 산업별로 핵심적인 부분에서 1퍼센트를 절약하는 것을 목표로 하고 있는데, 이 경우 세계 항공 산업에서만 이익이 6퍼센트 증가할 것으로 예측하고 있다.

제조업의 또 다른 강자인 지멘스는 2000년대 후반부터 적극적인 인수·합병(M&A)을 통해 소프트웨어 역량을 강화하고 있다. 지멘스는 UGS, LMS인터내셔널 등 17개 소프트웨어 기업을 인수하는 데 100억 달러(약 11조 원)를 투자했다. 그 결과 지멘스는 소프트웨어·디지털 서비스 분야의 2016년 매출액이 52억 유로에 달하는 세계 10위권 소프트웨어 기업으로 성장했다. 지멘스의 케저 회장은 "디지털화는 거의 모든 산업 영역의 미래를 결정짓는 핵심 요인이 될 것"이라며 지멘스의 전략은 디지털화, 전력화, 자동화에 대한 집중"이라고 강조했다(매일경제, 2017년 12월 20일 자). 지멘스는 매출의 상당 부분을 차지하는 철도·가스 사업 등 기존 하드웨어 분야에서 점차 벗어나 디지털 공장, 에너지, 헬스케어 분야 등 소프트웨어 분야로 주력 사업을 전환하겠다는 계획이다.

이처럼 소프트웨어를 도입해 경쟁력을 강화하는 전략은 제조업 분야의 기업들만 채택하는 것은 아니다. 세계 최대의 유통기업인 UPS는 오래전부터 자사 트럭에 텔레매틱스(Telematics)를 활용해 배송 차량을 모니터하는 혁신적 기술을 적용해 왔다. 텔레매틱스는 배송 차량들에 센서를 부착해 각 차량의 기계적 상태, 차량의 속도, 방향, 브레이크 이용, 엔진 및 특정 부품이나 요소들의 성능 등의 자료를 모아서 차량 유지 관리, 안정도 향상에 활용하는 대규모 프로그램이다. 센서를 통해 트럭의 안전벨트, 화물칸 문, 변속기 후방기어 등을 체크하고 속도, 시동을 건 횟수, 오일 압력 등 200개 이상의 트럭 상태에 대한 데이터를 수집하여 소프트웨어로 분석하여 비용절감, 안전 운전, 환경 보호를 위해 운전자의 운전 습관을 바꾸는 도구로 활용하고 있다. 그 결과 트럭 기사들이 후진할 필요성을 25퍼센트 정도 줄여 사고 위험을 감소시키고, 하루 공회전 시간을 15분 줄여서 오염물질을 10퍼센트 줄이는 효과를 거두었다. 2010년 기준으로 텔레메틱스 장비가 장착된 배송 차량은 1,540만 분의 비운용 시간을 줄였는데, 이는 약 39만 리터의 연료를 절감한 효과와 같다.

이제 제조업이나 유통업 기업들이 단순히 기존 공정을 개선하여 경쟁력을 높이는 것은 한계에 이르렀다. 인공지능 시대에는 기업들이 GE, 지멘스, UPS처럼 소프트웨어를 활용하여 경쟁력을 높이거나, 플랫폼 비즈니스처럼 완전히 새로운 차원의 경영전략을 구사해야만 한다.

보유 차량이 한 대 없이 세계 최대 택시회사가 된 우버를 기존 택시업체가 이길 수 있는 방법은 없다. 재고가 없는 유통 기업인 알리바바가 세계에서 가장 큰 가치를 가진 기업으로 등장한 이유를 잘 살펴봐야 한다.

고객과의 상생을 추구하는 기업

인공지능 시대의 패러다임 변화 중 중요한 한 가지가 기업과 소비자의 관계 변화다. 이제까지는 기업들은 재화를 생산하고 소비자들은 그 재화를 구매하여 소비하는 이원적 구조가 일반적이었다.

생산자인 기업은 값싸고 품질 좋은 재화를 생산해서 소비자에게 비싸게 팔아서 이익을 남기려고 노력했다. 기업이 이익을 많이 남기기 위해서 소비자를 속이고 기만하는 행위가 당연한 경영 전략으로 여겨왔다. 이런 약탈적 구조는 기업이 정보를 독점하던 시절에는 가능했지만, 점차 소비자들이 정보에 쉽게 접근하고, 소비자들끼리 정보를 공유하기 시작하면서 사라지기 시작했다. 기업이 소비자를 속이고 착취해서는 수익을 많이 올리지 못할 뿐만 아니라 생존에 위협을 받게 되었기 때문에 소비자를 달래야 한다는 고객 만족 마케팅 전략이 등장했다.

기업이 고객 만족을 실현해야 한다는 마케팅 전략에 가장 많이 등장하는 말이 '고객은 왕이다.'라는 말이다. 이 마케팅 전략은 고객을 왕처럼 모셔서 고객을 감동시켜야만 영업이나 마케팅에 성공할 수 있다는 의미로 사용되고 있다. 자신들이 팔지도 않은 타이어를 환불해 주어 고객을 감동시켰다는 어느 백화점의 일화는 진부한 예화가 된 지 오래다.

인공지능 시대에는 이런 고객 감동 내지 고객 졸도 전략이 더 이상 통하지 않는다. 아무리 이런 친절과 배려를 해도 고객들은 자신들의 주머니에서 돈을 빼내기 위해 기업이 그런다는 사실을 이젠 너무나 잘 알고 있기 때문이다. 거의 모든 기업들이 그런 친절을 베풀기 때문에 '고객은 왕이다'라는 전략에 고객들은 더 이상 감동하지도 않는다. 기업들이 명목상으로만 '고객은 왕이다'라고 할 뿐, 실제로는 '고객은 봉이다'라고 생각하고 있다는 점을 고객들이 모를 리가 없게 되었다.

'고객은 왕이다'라는 전략의 허점은 고객과 기업을 이분법적으로 나눈다는 점이다. 이런 구별은 어차피 기업이 어떤 친절을 베풀어도 고객의 돈을 빼내기 위해 수단일 뿐이라는 한계를 드러낸다. 하지만 '고객은 파트너다'라는 전략은 고객을 기업과 동등한 위치에 서도록 만들어서 고객이 돈을 지불하면서도 전혀 반감이 없도록 만든다는 장점이 있다.

이런 전략을 가장 잘 구사하는 기업이 바로 애플이다. 애플의 앱 스토어는 이 전략을 단적으로 보여주는 좋은 사례다. 앱 스토어에 콘텐츠를 올리는 주체는 누구인가? 바로 사용자, 즉 아이폰을 사용하는 소비자들이다. 그럼 그 콘텐츠는 누가 사용하는가? 바로 사용자, 즉 아이폰을 사용하는 소비자들이다. 그러니까 앱 스토어의 공급자도 소비자이고, 수요자도 소비자다. 애플은 아이폰 사용자들이 앱 스토어에 앱을 올리기도 하고 동시에 사용하도록 함으로써 아이폰 사용자들을 단순한 고객이 아니라 파트너로 느끼게 해주었다.

다시 말해 애플은 앱 스토어에 콘텐츠를 제공하는 공급자들의 파트너이면서 아이폰을 사용하는 소비자들의 파트너이기도 하다는 의미다. 애플은 고객들이 콘텐츠를 올릴 수 있는 장터(플랫폼)를 마련해 주고 있는 동시에, 고객들이 그 콘텐츠를 사용할 수 있도록 도구를 제공하고 있는 것이다. 이와 같이 아이폰의 사용자들은 애플을 자신들의 파트너로 생각하기 때문에 애플에 그렇게 열광하는 것이다. 애플의 신제품이 나오면 밤을 새우면서 줄을 서서 애플 제품을 구입하는 마니아층이 많은 이유도 바로 이런 '고객은 파트너다'라는 네트워크 전략으로 설명할 수 있다.

물론 그렇다고 해서 애플이 고객의 입장만을 생각하는 착한 기업이라는 의미는 절대 아니다. 애플의 영업이익률은 상당히 높은 편이다. 애플의 높은 영업이익률은 애플이 고객의 주머니에서 돈을 많이 빼간다는 것을 의미한다. 하지만 고객들은 자신들의 돈을 기꺼이 지불한다. 애플은 사용자들이 자유롭게 앱을 올리도록 한 다음 매출액의 30퍼센트 정도를 수수료로 챙기고, 나머지 70퍼센트를 앱을 올린 소비자에게 돌려준다. 애플은 멍석만 깔아주고 비싼 임대료를 챙기고 있다. 하지만 어느 누구도 이런 불평을 하지 않는다. 애플이 자신을 파트너로 인정해주고 있다고 느끼기 때문이다.

삼성전자가 애플과 경쟁할 때 미래 경쟁력에서 뒤질까 염려되는 부분이 바로 이런 '고객은 파트너다'라는 전략을 구사하지 못하고 있을 뿐만 아니라, 아직도 '고객은 왕이다'라는 전략도 충분히 발휘하지 못하고 있다는 점이다. 삼성전자가 애플보다 스마트폰 매출액에서는 앞설지도 모르지만, '파트너', 즉 마니아층을 충분히 확보하지 못하고 있는 점도 '고객은 파트너다'라는 전략을 사용하지 못하고 있기 때문이다.

물론 삼성전자 입장에서는 애플이 갖지 못한 강점, 즉 제조업이라는 강점을 갖고 있지만, 앞으로 미래 시장에서 살아남기 위해서는 '고객은 파트너다'라는 경영 전략의 적극적인 도입이 절실하다. 글로벌 경쟁력을 인정받고 있는 삼성전자가 이 정도면 한국의 다른 기업들의 실상은 미루어 짐작을 할 수 있다.

아직도 대부분의 한국 기업들은 '고객을 봉'이라고 생각하는 경우가 다반사이고, '고객은 왕이다'라는 전략조차도 제대로 적용하지 못하고 있는 실정이다. 하지만 이제 인공지능 시대를 맞이하여 한국 기업들도 하루빨리 '고객은 파트너다'라는 전략을 구사해야만 살아남을 수 있다는 점을 깨달아야 한다.

애플의 아이폰 성공에 앱 스토어의 역할이 크다는 점을 언급하면 한국의 이동 통신사들도 과거에 앱 스토어와 비슷한 앱 기능을 휴대폰에 탑재하여 서비스를 했었다는 반론을 제기하는 경우가 있다. 한국의 이동 통신사들이 앱 서비스를 제공했던 것은 맞지만, 사용자를 파트너로 인정하지 않았다는 차이가 있다. 한국의 이동 통신사들은 앱 개발자들로부터 앱을 구입한 다음 이를 휴대폰에 올리고 사용자들이 사용하면서 내는 요금을 통신사들이 모두 챙겼다. 앱 개발자들은 통신사에 돈을 받고 앱을 팔면 그만이었다. 앱 개발자들이 받는 수입에는 별 차이가 없을 수도 있다. 문제는 한국의 이동 통신사들이 사용하던 방식에서는 앱 개발자들을 파트너로 인정하지 않았다는 점이다. 즉 통신사와 앱 개발자가 네트워크로 연결된 수평 관계가 아니라 납품 관계로 맺어진 수직 관계였다는 점이다. 이와 달리 애플의 앱 스토어는 앱 개발자를 네트워크로 연결된 수평적 관계로 끌어들임으로써 단순히 수입을 나누는 관계가 아니라, 파트너로 인정하였기 때문에 애플 마니아가 된 것이다.

기업과 고객 사이의 관계를 논할 때 가장 많이 오해하는 부분 중의 하나가 고객은 무조건 최저 가격과 최고 품질을 선호할 것이라는 가정이다. 하지만 갤럽이 조사한 바에 따르면 최저 가격이나 최고 품질보다는 기업과 고객 간의 인간적 교류의 지속성 깊이가 고객의 충성심을 결정하는 가장 중요한 변수로 나타났다. 기업이 제공하는 상품과 서비스에 이성적으로 만족한 고객보다는 감성적으로 기업과 관계를 맺은 고객이 훨씬 더 충성심이 높다는 것이다.

'마케팅에서 가장 영향력 있는 가설 중 하나는 고객만족이 고객의 충성도를 높이며, 고객의 충성도가 높아지면 수익이 늘어난다.'는 〈하버드 비즈니스 리뷰〉에 실린 게일 맥거번과 문영미 교수의 논문도 같은 맥락으로 해석할 수 있다.

'고객은 파트너다'라는 전략으로 활용되고 있는 애플의 앱 스토어는 플랫폼의 한 형태다. 플랫폼은 기업이 고객이 활용할 수 있는 도구만 마련해 주고 직접적인 서비스를 제공하지 않는 비즈니스 형태다. 애플의 앱 스토어를 이용하기 위해서는 소비자가 아이폰이라는 하드웨어를 구매해야 한다는 점에서 완전한 플랫폼이라고 할 수는 없다.

최근 등장한 에어비앤비, 우버, 드롭박스, 스레드리스, 업워크, 구글, 페이스북과 같은 기업들은 특정한 목적, 예를 들면 우버의 경우에는 자동차 공유를 위한 소프트웨어인 플랫폼을 무료로 제공하는데, 이 서비스를 이용하기 위해서 플랫폼 기업, 예를 들어 우버로부터 어떤 하드웨어도 구입할 필요가 없다. 플랫폼은 생산자와 소비자들이 서로 정보, 상품이나 서비스, 통화를 교환할 수 있는 터전을 마련해 주는 데 그 목적이 있다. 플랫폼 기업은 이 목적을 달성하기 위한 도구와 규칙을 장착한 플랫폼을 제공함으로써, 참여자들이 쉽게 그리고 서로에게 도움이 되는 방식으로 가치를 주고받게 해준다.

플랫폼 기업이 각광을 받는 이유는 단순히 무료이고 사용이 편리하기 때문만은 아니다. 플랫폼이 기업의 공급자로서의 역할을 최소화하고, 사용자를 공급자이면서 동시에 소비자가 되도록 만들어 주기 때문이다. 플랫폼은 생산자와 소비자, 기업과 고객을 이원화되지 않는 구조로 만들기 때문에 고객 만족이라는 문제를 근본적으로 해결하는 강점이 있다. 생산자와 소비자, 기업과 고객을 이원화하는 구조에서는 고객 만족을 100퍼센트 달성하는 것이 불가능하기 때문이다.

한국에서 아직도 플랫폼 비즈니스가 활성화되지 못하고 있는 이유는 생산자와 소비자, 기업과 고객을 이원화하는 패러다임을 버리지 못하고 있기 때문이다. 우버의 경우에도 소비자, 사용자의 입장에서 바라보면 풀릴 수 있는 문제인데도 불구하고, 공급자, 생산자인 택시업계의 입장에서 문제를 바라보기 때문에 풀리지 않고 있는 것이다. 산업사회 초기 기계가 사람의 일자리를 빼앗는 데 반감을 품어서 일어났던 러다이트 운동이 실패했듯이, 택시업계의 반발을 무마하느라고 우버를 무조건 불법화하는 것은 실패로 끝날 수밖에 없다. 조만간 자율주행자동차가 상용화되면 어차피 택시업계는 사라질 수밖에 없는 처지에 내몰리게 된다. 우버는 자율주행자동차가 몰고 올 공유경제로 넘어가는 과정에서 겪는 과도기적 비즈니스라고 이해해야 한다. 기존 택시업 형태를 고집할 것인지, 우버의 차량 공유제를 받아들일 것인지는 고객, 사용자의 입장에서 바라봐야 근본적인 해결책이 나올 수 있다.

한국 기업들이 인공지능 시대에 제대로 대응하기 위해서는 고객, 즉 사용자의 입장에서 문제를 바라볼 필요가 있다.

창의적인 인재를 제대로 대우하는 기업

기업들은 창의적인 인재가 기업의 운명을 좌우할 정도로 중요해지고 있다. 하지만 산업사회의 기업과 인공지능 시대 기업이 원하는 창의적인 인재가 확연히 다른데도 불구하고 인공지능 시대에도 산업사회 기준의 창의적인 인재를 찾고 있는 것은 아닌지 살펴볼 필요가 있다.

불행하게도 대부분의 한국 기업들은 아직도 산업사회 기준의 창의적인 인재를 찾고 있다. 그러다 보니 한국기업이 외국에서 인공지능 시대에 맞는 창의적인 인재를 스카우트하더라도 결국 적응하지 못하고 나가는 경우가 발생한다. 삼성의 이건희 회장이 강조했다는 '한 명의 뛰어난 인재가 10만 명을 먹여 살린다.'는 주장은 바로 산업사회의 창의적인 인재상의 전형이다.

산업사회의 창의적인 인재, 즉 하드 스킬이 뛰어난 인재는 패스트 팔로어(Fast Follower) 전략을 위해서는 필요할지 모르겠지만, 인공지능 시대의 퍼스트 무버(First Mover) 전략에는 별 도움을 주지 못한다. 인공지능 시대에는 개인의 역량에 의해서가 아니라 여러 사람들의 협업에 의해 창의적인 콘텐츠가 만들어지기 때문이다.

인공지능 시대에 필요한 창의적인 인재의 조건이 많겠지만, 가장 중요한 조건은 공감 능력과 다양한 지식을 꼽을 수 있다.

공감 능력이 중요한 이유는 고객과의 공감이 노왓, 즉 고객에게 가치를 제공하는 콘텐츠를 창조해내는 원동력이기 때문이다. 아울러 기업의 업무 효율을 높이는 데도 직원들의 공감 능력은 필수적이다. 기업의 대부분 업무가 팀에 의해 수행되고 있는 상황에서 팀의 업무 효율을 높이기 위해서는 팀워크가 중요하고, 팀워크에는 공감 능력이 필수적이기 때문이다.

또한 자신이 맡은 부분적인 일만 열심히 하면 전체적인 업무 효율이 올라갔던 산업사회의 기업 환경과 달리 인공지능 시대의 기업들은 개인과 팀을 넘어서 업무 협력을 해야 전체적인 업무 효율이 향상되는 환경을 맞고 있다. 인공지능 시대 기업들은 개인이나 팀의 이익에 안주하는 인재가 아니라, 회사 전체적인 방향을 이해하고 구성원 또는 팀과 원활한 커뮤니케이션을 할 수 있는 공감 능력을 지닌 인재가 필요하게 되었다. 최고의 지식을 갖춘 구성원들로 조직된 팀보다 공감 능력이 뛰어난 구성원들로 조직된 팀이 30퍼센트 높은 성과를 냈다는 조사 결과도 있다.

공감 능력이 중요해지면서 여성들의 공감 능력이 주목을 받고 있다. 산업사회에서는 남성의 하드 스킬 능력이 대접을 받았지만, 인공지능 시대가 되면서 여성의 뛰어난 공감 능력이 주목을 받고 있다. 남성과 여성으로 구성된 팀을 대상으로 연구한 바에 따르면 여자들만으로 구성된 팀이 남성만으로 또는 남성과 여성이 혼합된 팀들보다 훨씬 더 높은 업무 효율을 보여주었다. 이 연구 결과를 케임브리지 대학교 연구 심리학자 사이먼 배런 코언은 남성의 두뇌는 '체계화'하고, 여성의 두뇌는 '공감'하는 데 있기 때문이라고 해석하고 있다. 이 연구에서 내놓은 또 한 가지 중요한 결과는 성별에 관계없이 서열경쟁이 팀 효율을 떨어뜨린다는 점이다. 이 결과는 공감 능력에서 가장 중요한 전제가 수평적인 관계 형성인데, 수직적인 관계를 강제했을 때는 여성들도 공감 능력을 제대로 발휘할 수 없기 때문에 업무 능력이 저하된 것이라고 해석할 수 있다.

인공지능 시대를 맞아 공감 능력이 뛰어난 창의적인 인재가 필요하다고 하면서도 한국 기업들은 여성 인재를 홀대하고, 수직적인 기업 문화를 고집하고 있다. 이처럼 한국 기업들은 창의적인 인재가 중요하다고 말하면서도 실제로는 창의적인 인재가 채용되었더라도 능력을 발휘할 수 없는 기업 문화를 갖고 있는 경우가 대부분이다.

이런 한국의 기업 문화는 회의 풍경만 봐도 알 수 있다. 직급이 회의에서 발언권의 무게를 결정하는 한국 기업 문화에서는 창의적인 인재가 발을 붙일 공간이 없다. 상위 직급에서 어떤 제품을 개발할지 등 회의 결론을 미리 정해놓고 하는 회의에서는 창의적인 아이디어를 기대할 수 없다. 한국 기업들의 회의 분위기는 상급자가 내놓은 의견에 이의를 제기할 수 없도록 만든다. 무거운 분위기에 눌려 아무 말도 하지 않으면 반대의견이 없는 것으로 간주하는 것이다.

사회심리학에서 이와 같은 현상을 '다원적 무지' 또는 애빌린 패러독스'라고 한다.

다른 기업과 차별화된 창의적인 아이디어 제품을 창조해내기 위해서는 기존 지식에 함몰되어 있지 않은 다양한 구성원들의 아이디어를 환영하는 분위기가 조성되어야 한다.

인공지능 시대의 선두 주자인 구글이 그들의 '10가지 핵심 가치' 가운데 하나로 '다양성'을 내세우는 이유도 바로 여기에 있다. 구글은 다양성을 확보하기 위해 세계 각국의 인재를 두루 채용하는 전략을 채택하고 있다. 다양한 문화적 배경이 창의성에 중요하다는 사실은 2009년 5월호 〈인성과 사회심리학 저널〉에 실린 미국에 체류 중인 유학생들이 미국인 대학생들보다 훨씬 더 창의적이라는 기사에서도 확인할 수 있다.

이처럼 완전히 다른 배경의 다양한 인재들을 내부에서 채용하기는 한계가 있기 때문에 인공지능 시대 기업들은 아예 외부 인재를 활용하는 전략을 사용하기도 한다. 더욱이 내부 직원들은 창의적인 아이디어 도출을 위한 협업에 한계를 갖고 있기 때문에 외부 인재의 활용의 필요성이 더 커지고 있다. 왜냐하면 내부 직원들끼리는 경쟁을 의식하지 않을 수 없어서 동료와 협업을 꺼릴 수 있기 때문이다.

외부 인재를 활용하는 대표적인 예로 P&G를 들 수 있다. P&G는 오픈 이노베이션 방식을 채택한 지 10년도 되지 않아 외부 신제품 아이디어의 비율이 20퍼센트 미만에서 약 50퍼센트로 증가했다. 그 결과 현재 P&G의 새로운 프로젝트 가운데 50퍼센트가 수익 및 매출 목표를 달성했으며, 성공률도 세 배로 높아졌다.

또 일라이 릴리의 부사장 엘피어스 빙엄은 효과적인 해법을 발견하는 사람에게 상금을 주는 방식으로 창의적인 외부 인재의 도움을 받는 이노센티브 프로젝트를 시행해 큰 효과를 거두었다. 그는 이노센티브를 확대해 현재는 수십만 명이 잠재적 문제해결자로 등록되어 있는, 세계 최대의 온라인 개방형 문제해결 플랫폼으로 만들었다.

이노센티브와 같은 온라인 문제해결 플랫폼인 '나인시그마'는 2000년 미국 오하이오주에서 벤처기업으로 출발해서, 일본과 벨기에 등에 자회사를, 한국에는 지사를 두고 있다. 나인시그마 고객으로는 P&G, 바스프, GSK, 듀폰, 이스트먼, NEC, 올림푸스, 테이진 등이 있으며, 한국의 LG화학을 비롯한 여러 대기업들도 나인시그마 서비스를 활용하고 있다.

구글은 가장 창의적인 인재를 뽑기 위해 노력하기도 하지만, 다양한 분야의 인재들이 서로 교류할 수 있는 기회를 만들기 위해서도 노력하고 있다. 구글이 좋은 음식을 무료로 제공하는 것으로 유명한데, 그 이유는 복지 차원도 있지만, 직원들이 카페테리아에서 줄을 서서 기다리면서 서로 이야기하도록 만들기 위해서다. 구글은 전 직원이 자연스럽게 서로 교류할 수 있도록 우주 기지 모양의 신사옥을 건립했다.

마이크로소프트의 빌딩-99, 픽사의 스티브 잡스 빌딩, 애플의 '스페이스십' 신사옥, 세계 최대의 오픈 공간인 페이스북 신사옥, 시애틀 도심에 위치한 아마존의 유리돔 형태의 신사옥 등은 모두 구성원들의 원활한 소통을 고려한 건축물들이라는 공통점이 있다. 이들 인공지능 시대 대표 기업들은 창의적인 아이디어가 직원 간의 원활한 소통, 즉 정보의 유동적 네트워크를 통해 만들어진다고 생각하기 때문에 소통에 도움이 되는 사옥을 건설한 것이다.

몇 년 전 글로벌 기업들을 중심으로 추진되던 재택근무가 다시 축소된 이유도 창의적인 아이디어 창출을 위해서는 직원들이 만나 대화를 하는 것이 중요하다고 판단했기 때문이다. 샌프란시스코 주립대학의 존 설리번은 재택근무를 하면 사무실에서보다 업무 효율이 더 높을 수는 있지만, 대화 부재로 인해 혁신성은 훨씬 떨어진다고 밝힌 바 있다.

창의적인 아이디어 창출을 위해 직원들이 대화를 나눌 수 있는 환경을 조성할 때 가장 주의해야 할 점은 평소에 대화를 나눌 일이 없는 사람들이 한 데 어우러지게 만드는 것이다. 평소에 아는 사람들끼리 한데 모아 놓으면 때로는 이미 아는 사실을 단순히 서로 강화하는 현상인 '집단 사고(Group Think)'를 촉발해서, 오히려 창조적인 사고를 무너뜨릴 가능성이 커진다. 그런 의미에서 원활한 소통의 자리를 마련하기 위해 한국 기업들이 자주 마련하는 팀원들끼리의 술자리는 창조적 사고에 전혀 도움이 안 된다.

창조적인 아이디어가 중요하다고 생각하는 인공지능 시대 선두 기업들이 업무 시간에도 직원들이 당구를 치거나 카페테리아에서 직원들끼리 얘기를 나누는 것을 장려하는 것과는 정반대다. 김정운이 『노는 만큼 성공한다』라는 책에서 강조하고, 아인슈타인이 "창조력은 낭비되는 시간의 찌꺼기다"라고 말했듯이 휴식은 낭비하는 시간이 아니라 재창조를 위한 시간이다.

창의적인 인재들이 제대로 능력 발휘를 할 수 없게 하는 한국 기업 문화 중 또 다른 한 가지로 실패를 용인하지 않는 분위기를 꼽을 수 있다.

대부분의 창조적인 업적은 주도면밀한 계획보다는 시행착오를 통해 이루어진다.

심리학자 딘 키스 사이먼튼 교수의 말대로 "창조적 아이디어를 내놓은 가장 좋은 방법은 아이디어를 가능한 많이 내놓는 것이다." 이를 '양질전화(量質轉化)의 법칙'이라고 하는데, 창조적인 결과물은 되도록 많은 시도를 하고 그런 시행착오에 의한 실패를 많이 겪어야만 탄생할 수 있다는 의미다.

창조적인 기업의 가장 중요한 특성 중 하나는 실패를 허용할 뿐만 아니라 장려하고 그러한 실패 사례를 자산화해 나간다는 것이다.

과거 산업사회 기업들의 경우에는 배울 대상이 명확한 패스트 팔로어 전략을 채택했기 때문에 실패 확률이 낮았고, 실패를 용인하지 않는 것이 당연한 일일 수 있다. 하지만 퍼스트 무버로 나아가야 하는 인공지능 시대 기업들은 실패가 당연히 거쳐야 하는 과정이라는 인식을 가져야 한다.

주주가 아닌 사회를 위한 기업

기업의 가장 큰 목표는 이윤 추구다. 사회공헌이라든가, 지속가능 경영 등이 강조되고 있지만, 이런 목표는 이윤 추구가 달성된 다음에 부차적으로 달성할 목표다. 현대 자본주의 사회에서 기업의 주인은 주주이고, 기업은 주주의 이익 극대화를 위해 이윤을 추구하는 건 당위에 가깝다. 사회공헌이라든가 지속가능 경영 등은 소비자들의 불만을 달래고, 소비자들을 끌어들이기 위한 이윤 추구의 수단 정도로 여겨지고 있다. 현대 기업의 속성이 이윤 추구이기 때문에 경우에 따라서는 이윤 추구를 위해 알게 모르게 전체 사회에 해가 되는 일도 서슴지 않게 한다.

기업의 존재 이유가 이윤 추구라는 믿음은 최근 신자유주의, 주주 자본주의가 득세한 1980년 이후 등장했다. 그 이전까지만 해도 기업 경영자들은 투자자, 직원, 소비자, 대중의 이해관계를 조화시키는 것이 자신의 임무라고 생각했다. 주주 자본주의의 등장과 함께 주주에게 돌아가는 이익을 최대로 끌어올리기 위해 단기성과에 도움이 되지 않는 기업 자산을 매각하고, 걸핏하면 공장 문을 닫고, 부채를 더 끌어들이고, 더 높은 주주 배당을 위해 직원을 해고한다.

자본과 경영을 분리한 주주 자본주의는 대규모 자본을 모을 수 있고, 경영 능력이 우수한 전문 경영인이 경영 능력을 발휘할 수 있는 이상적인 제도로 각광을 받았다. 하지만 주식 거래 수익 자체가 주식 투자의 목적으로 변질되면서 장기적인 기업 이익보다는 단기적인 주식 가치를 높일 수 있는 기업 경영 방식을 선호했다.

이런 경향은 주식 보유 기간이 짧아지면서 더욱 심해지고 있다. 영국의 경우 1960년대까지만 해도 평균 주식 보유 기간이 5년이었지만, 2007년이 되면서 그 기간이 7.5개월로 떨어졌다. 이 수치는 주식 투자의 목적이 자본 마련이 아니라 단기 차익을 노린 투기로 변질되고 있음을 보여준다. 주식의 원래 목적은 소액 자본들을 끌어 모아 큰 자본을 만들어 투자 효율성을 높이는 데 있었다. 네덜란드의 동인도회사처럼 개인 자금이 모여 대규모 자본을 만든 다음 투자하여 수익금을 나누는 게 주식회사의 탄생 배경이다. 하지만 이제는 주식 투자는 주식 거래 차익 실현 그 자체가 목적이 되었다.

미국 연방준비이사회가 발표한 자료에 따르면, 최근 몇 년간 주식 시장에서 거래된 돈 100달러 중 1달러만이 기업에 돌아간 것으로 나타났다. 다시 말해 주식을 통해 조달된 100달러 중 99달러는 투기 목적이었다는 뜻이다. 이제 주식을 사는 것은 기업에 자본을 대는 행위가 아니라, 부를 추출할 권리를 사는 것에 불과하다.

주식 투자가 투기적인 목적으로 변질되면서 기업 경영 방향도 주식 가치 상승에 초점이 맞춰지고 있다. 심지어 엔론처럼 회계 조작도 서슴지 않고, 파생 상품으로 금융위기를 자초하는 한이 있더라도 주가를 올리는 일이 벌어지고 있는 것이다.

산업사회 초기에도 자본이 우위를 차지했었지만, 산업사회 후기, 즉 주주 자본주의에 들어서면서 자본 우위는 점점 더 심해지고 있다. 이런 자본 우위 현상은 인공지능 시대에서도 전혀 개선되지 않고, 그대로 방치할 경우 오히려 점점 더 심해질 가능성이 크다. 자본이 인공지능의 주인이 될 가능성이 크기 때문이다. 그나마 주주 자본주의에서는 직원들이 노동력을 제공하고 임금을 받았기 때문에 부의 분배가 어느 정도 이뤄졌지만, 인공지능 시대에는 직원들의 노동력을 인공지능으로 대체함으로써 기업의 대부분 이윤을 자본, 즉 주주가 독식하는 상황이 벌어질 수 있다.

링컨은 "노동은 자본보다 앞서며 자본으로부터 독립적입니다. 자본은 노동의 과실일 뿐이며, 애초에 노동이 없었다면 자본은 아예 존재할 수 없었습니다. 노동은 자본보다 귀하며 훨씬 귀한 대접을 받아 마땅합니다."라고 말했다. 하지만 이제 링컨을 비롯한 많은 정치가나 경제학자, 철학자들이 제기했던 자본과 노동의 대립이라는 논쟁 자체가 필요 없을 정도로 이제는 자본 독식 시대로 전환되고 있다.

주식 투자자들을 위한 단기적인 수익 지향이 기업의 주요 경영 전략을 좌우하는 새로운 패러다임으로 등장하면서, 주식 가치를 높이기 위해 생산적 투자를 자제하고, 장기 투자가 필요한 기술혁신보다는 직원을 대량 해고하는 길을 택하고 있다. 더욱이 인공지능이 노동력을 대체하면서 노동의 역할이 급격하게 감소하는 인공지능 시대의 도래로 주주만을 위한 기업이라는 주주 자본주의는 더욱 힘을 얻고 있다.

자본주의 경제 체제에서 기업은 법인으로서 독립적인 인격의 대우를 받지만, 인격체인 인간과는 달리 권리만 누리고 책임은 지지 않는 모순을 저지른다. 이는 마치 무책임한 자유방임주의 사상을 맹목적으로 강요하는 것과 마찬가지다. 이런 자유방임주의 사상은 공산주의가 몰락하고 자본주의가 우월한 체제라는 인식을 하게 되면서 더욱 강화되었다.

주주 자본주의, 자유방임주의 사상의 대표적인 주창자로는 2005년 노벨경제학상 수상자인 밀턴 프리드먼을 들 수 있다. 그는 1970년 〈뉴욕 타임스〉에 실린 '기업의 사회적 책임은 기업 이윤을 늘리는 것이다'라는 제목의 기고문에서 "일자리 창출, 차별 철폐, 환경오염 방지 등을 기업이 져야 할 책임으로 진지하게 받아들이는 경영자는 완전한 사회주의를 설파하는 것이다."라고 주장했다.

프리드먼 외에 투자자, 즉 주주를 위한 이윤 극대화가 기업의 궁극적인 목적이라고 주장하는 대표적인 경제학자로 『국부론』의 저자인 애덤 스미스가 거론되기도 한다. 하지만 스미스는 이 기대와는 달리 자본의 목적이 노동 생산성을 높이거나 생산적 노동자 수를 늘리는 데 있다고 주장했다. 즉 스미스는 자본이란 생산에 투자되는 재화와 자원이므로, 생산을 통해 얻은 이윤이 생산 증대에 재투자되어 고용 인원을 늘려야 한다고 생각했다. 스미스는 그의 또 다른 저서인 『도덕 감정론』에서 경제발전의 과실을 모든 사람이 공유하지 않으면, 도덕적으로 불건전하고 위험하며 사회의 안정을 해친다고 조언하고 있다. 그는 더 나아가 기업의 이익은 그것이 소비자의 이익을 촉진하는 데 필요한 한도에서만 고려되어야 한다고 주장했다.

기업의 목적은 이익 그 자체가 아니라, 기업이 지속가능하기 위해 이익이

나야 하기 때문에 이익을 추구하는 것이다. 즉 이익이라는 목적을 위해 기업이 활동하는 것이 아니라 고객의 행복과 이익을 위해 기업이 노력한 결과가 이익이라는 의미다. 이익은 단지 기업 활동의 부산물일 뿐, 기업의 궁극적 목적은 사회적으로 의미 있는 일을 하고 좋은 고용을 창출하는 것이다. 결국 기업은 주주만이 아니라 모든 이해당사자, 즉 기업에 이해가 걸린 고객, 주주, 직원, 공급자, 채권자, 지역 사회, 그리고 환경을 위해 존재해야 한다.

경영학의 대가인 피터 드러커도 기업 경영자의 책임을 자기가 속하는 기업에 대한 책임과 더불어 사회적 복지에 대한 책임, 사회에서 지도적 집단으로서의 책임을 강조하고 있다. 현대 기업 전략의 선구자인 마이클 포터 역시 기업 경영자들이 '공유 가치 창출'로 사회에 기여해야 한다고 강력하게 주장했다.

기업이 주주의 이익이 아니라 주주를 포함한 이해 관계자 전체의 이익을 위해 일해야 하는 가장 큰 이유는 전체적인 이익을 위하는 기업의 장기적인 성과가 더 좋기 때문이다.

지난 15년 동안 미국 기업들의 평균 수익률이 150퍼센트를 조금 넘은 반면, 이해 관계자 전체의 이익을 위해 일하는 기업들은 1,600퍼센트 이상 수익률을 달성하며 전체 주식시장보다 10.5배 높은 성과를 거두었다.

이런 이유 중 한 가지는 기업 목적과 가치를 고려해서 제품을 선택하는 고객이 점차 늘고 있기 때문이다.

고객은 낮은 가격의 품질 좋은 제품보다는 기업과의 감성적 관계를 더 중요시한다. 이런 경향은 인공지능 시대가 되면서 소셜 미디어를 통해 고객이 기업에 대한 정보를 더 잘 알게 되면서 더욱 심해지고 있다. 소비자들끼리 기업에 대한 정보를 공유하게 되었기 때문에, 고객들에게 형식적으로 머리를 조아리면서 속이는 기업은 금방 알아내게 되었다.

기업이 고객을 속이고, 다른 이해 관계자들에게 위해를 가하면서 단기적인 이익만 추구하게 되면 내부 직원들의 충성심을 이끌어낼 수 없다. 직원들의 창의성이 절대적으로 필요한 인공지능 시대의 기업에는 기업의 선한 목표가 무엇보다 중요하다. 외부 이해 관계자들은 당분간 속일 수 있을지 모르지만, 내부 직원들을 속이는 것은 불가능하다. 자신이 속한 기업이 직원을 포함한 다른 이해 관계자를 속이고 주주와 경영자만을 위해 불법적인 일도 서슴지 않는다면 직원들이 그런 회사를 위해 충성스럽게 일하지 않으려고 할 것은 너무도 당연한 일이다.

기업이 고차원적인 목적을 갖고 기업이 세상에 미치는 영향, 그리고 다양한 이해관계자와 연관성을 명확히 인식할 때 내부 직원들의 충성심과 창의적인 능력을 이끌어낼 수 있다. 기업이 존재하는 이유와 더 많은 가치를 창출하는 방안에 대한 깊은 자각을 할 때 내부 직원들뿐만 아니라 주위의 다양한 이해관계자들의 도움을 받아 지속가능한 성장을 할 수 있다.

존 매키 등은 그들의 저서 『돈 착하게 벌 수 없는가』에서 기업의 사회 가치를 높이는 목적을 명확하게 그리면서 성공한 기업들의 예를 많이 제시하고 있다.

홀푸드마켓 공동 대표인 월터 롭은 홀푸드마켓의 목적에 대해 "우리는 미션을 지닌 유통업에 종사하는 선교사이지 유통업자가 아닙니다. 매장은 사람들에게 자연식품과 건강을 제공한다는 우리의 뜻 깊은 목적을 그려나가는 캔버스와 같습니다."라고 표현하고 있다. 의료기기 회사인 메드트로닉의 공동 설립자인 얼 바켄도 "메드트로닉의 이야기는 고통과 장애를 극복하여 평범하고 행복한 삶을 살 수 있도록 다른 사람을 돕는 일에 자신의 인생과 경력을 바쳐온 이들의 것입니다. 이러한 이야기는 아무리 들어도 싫증나지 않고 아무리 말해도 지치지 않습니다."라고 기업이 존재하는 이유를 설명하고 있다. 디즈니는 '상상력을 발휘해 많은 이에게 행복을 선물한다.', 존슨앤드존슨은 '고통과 괴로움을 완화한다.', 사우스웨스트 항공은 '사람들에게 비행의 자유를 제공한다.', 피벗리더십은 '더 좋은 리더=더 좋은 세상', 찰스슈바프(Charles Schwab)은 '개인 투자자를 위한 열렬한 지원자', BMW는 '운전의 즐거움을 제공한다.', 미국 휴메인소사이어티(Humane Society US)는 '동물을 사랑하고 동물 학대에 맞선다.' 미국 적십자는 '위급 상황 시 사람들이 탁월하게 대처하도록 돕는다.' 등으로 기업의 사회에 유익한 가치 제공이라는 명확한 목표를 제시하고 있다.

한국 기업이 인공지능 시대라는 변혁의 시기에 살아남기 위해서는 단순히 인공지능 기술을 개발하는 것만으로는 부족하다. 산업사회의 패러다임을 유지한 채 인공지능으로 노동력을 대체해서 회사 수익을 높이겠다는 단순한 생각으로는 인공지능의 높은 파고를 넘어갈 수 없다. 기업들도 직원, 고객을 비롯한 주위 이해 관계자들을 고려하도록 기업의 목적을 재정립할 필요가 있다.

한국은 아직도 사회책임 경영과 부패인식지수 조사에서 하위권을 맴돌고 있다. 미국 보스턴에 있는 컨설팅업체 '레퓨테이션 인스티튜트'가 최근 발표한 올해 사회책임 경영 평가 순위를 보면, LG가 76위, 삼성전자는 89위, 현대자동차가 92위로 하위권에 속했다. 또한 2016년 국제투명성기구의 세계 각국의 부패인식지수 조사에서도 한국은 전 세계 조사 대상 168개국 중 37위를 차지해, OECD 국가 중 최하위권에 속하고 싱가포르 8위, 일본의 18위에 비해서도 한참 떨어지는 것으로 나타났다.

한국 기업들은 대주주인 오너를 기업의 주인으로 인식할 게 아니라, 사회 전체를 기업의 주인이라고 인식 전환을 해야 한다. 그러기 위해서는 직원들을 단순한 비용이 아닌 회사의 소중한 자산으로 인식하고, 고객을 이윤 추구의 대상이 아닌 동반자로 여기는 자세가 필요하다. 기업의 수익을 높여주는 인공지능 기술이 단순히 기업에 의해 개발되는 것이 아니라, 사회 전체의 기여에 의해 개발된다는 사실을 인식하고, 그에 따른 수익을 사회 전체에 환원한다는 각오를 다져야 한다.

제5장

스마트 비즈니스맨

- 인공지능 시대에 적합한 인재
- 네트워크형 인재
- 스마트 스킬을 갖춘 인재
- T형 인재와 H형 인재

산업사회에 적합한 인재란 한 마디로 주어진 일을 효율적으로 수행하는 근면 성실한 인재다. 하지만 이런 인재는 이제 인공지능에게 그 자리를 내주어야 한다. 주어진 일을 효율적으로 수행하는 능력 면에서는 인간이 인공지능을 당할 수 없기 때문이다. 인공지능은 주어진 일에 대해서는 인간보다 엄청나게 빠른 속도로 정확하게 한시도 쉬지 않고 수행할 수 있다. 산업사회에서의 창의적인 인재가 노하우에 뛰어났다면, 인공지능 시대에서의 창의적인 인재는 노왓에 뛰어나다는 차이점이 있다. 즉 산업사회에서의 창의적인 인재의 조건이 주어진 과제를 어떻게 빨리 효율적으로 해결하는 능력 여부에 달려 있었다면, 인공지능 시대에서의 창의적인 인재의 조건은 기업에 도움이 되는 고부가가치의 콘텐츠를 만들어내는 능력 여부에 달려있다고 볼 수 있다.

이번 장에서는 인공지능 시대에 적합한 인재의 조건에 대해서 구체적으로 살펴본다. 인공지능 시대에 적합한 인재는 한 마디로 인공지능이 할 수 없는 차별화된 일을 할 수 있는 인재, 더 나아가 인공지능을 최대한 활용할 수 있는 능력을 지닌 인재라고 말할 수 있다. 여기서는 이런 인재를 '네트워크형 인재', '스마트 스킬을 갖춘 인재', 'T형 인재'와 'H형 인재'로 표현하였다. 어쩌면 여기서 제시한 네 가지 인재는 동일한 인재의 조건을 여러 측면에서 살펴보는 방식이라고 할 수 있다. 앞에서 언급한 인공지능과 차별화된 능력을 지닌 인재, 인공지능과 협업을 통해 창의적인 콘텐츠를 만들어내는 능력을 갖춘 인재를 말한다.

인공지능 시대에 적합한 인재

인공지능 시대 기업들이 당면하게 될 중요한 변화는 사업 영역의 파괴다. 무인 자율 자동차의 시대가 되면 GM, 현대자동차 등의 기계 산업 기업들의 사업 영역이었던 자동차 사업에 구글과 애플, 인텔 등 IT 기업들이 뛰어들게 될 것이다. 건설 분야에도 인공지능이 도입되면서 '스마트 홈', '스마트 시티'가 현실화 하고 있다. 이에 따라 건축, 토목 분야로 여겨졌던 건설 분야도 앞으로는 전자와 IT는 물론 도시 교통, 환경까지 아우르는 통합적인 분야가 될 것이다. 앞으로는 건설 회사들이 건물도 잘 지어야겠지만, 가전제품, 가구, 주방기구 등에 스마트 홈 기능을 잘 활용하지 못하면 소비자들로부터 외면을 받게 될 것이다. 또 도시를 설계하거나 주거 단지를 설계할 때에도 IT, 교통, 환경 등을 고려한 스마트 시티가 대세로 등장할 것이다.

인공지능 시대가 되면 기업들은 어떤 인재를 원하게 될까?

첫째로 당연히 인공지능을 잘 이해하고 활용할 줄 아는 인재들을 필요로 하게 될 것이다. 더 나아가 인공지능이 할 수 없는 분야를 파악하고 보완하는 능력을 갖춘 인재가 필요하게 될 것이다. 인공지능은 지식의 검색, 계산 등 하드 스킬은 뛰어나지만, 인간의 감성 이해 등 소프트 스킬은 아직까지 인간을 따라올 수 없다. 따라서 인공지능의 하드 스킬을 이해하면서 활용하고, 인간만이 가진 소프트 스킬을 더해 차별화된 사업 콘텐츠를 만들 수 있는 인재가 필요하다.

앞으로 건설 회사에서 필요한 인재는 건설, 토목, 전기 관련 지식뿐만 아니라, 전자와 IT 등 인공지능 관련 지식(하드 스킬)을 이해하고, 이를 활용할 수 능력은 물론 인공지능이 갖지 못한 소프트 스킬을 더하여 스마트 시티를 기획하고 건설할 수 있는 능력을 갖춘 인재가 필요하다. 이처럼 인공지능의 하드 스킬과 인간적인 소프트 스킬을 융합하여 활용할 수 있는 인재를 '스마트 스킬을 갖춘 인재'라고 정의 내린다.

둘째는 여러 분야의 '차별화된 최고 능력'을 가진 외부 기업들을 찾아내고 협업을 이끌어내서 '차별화된 최고 제품·서비스'를 만들어낼 수 있는 능력을 갖춘 네트워크형 인재가 필요하다. 앞으로는 어느 사업 분야든지 다양한 분야의 기술들이 필요하다. 문제는 특정 기업이 모든 분야에서 최고가 될 수 없다는 데 있다.

무인 자율 자동차를 만드는 경우, 기계, 전자는 물론 인공지능을 융합하여 '차별화된 최고 무인 자율 자동차'를 만들기 위해서는 기존 자동차 회사들과 IT기업들이 협업을 하는 게 가장 빠르고 효율적인 방법이다. 설사 '차별화된 최고 무인 자율 자동차'에 인공지능이 중요하고, 기존 기계,

전자 분야는 별로 중요하지 않다고 치더라도 '차별화된 최고 부품'들을 외부 기업으로부터 확보하는 것은 필수적이다. 어떤 경우든지 '차별화된 최고 제품·서비스'를 만들기 위해서는 '차별화된 최고 능력'을 가진 외부 협력자를 찾아내고 협업을 이끌어내야만 한다.

애플과 삼성전자의 경영전략이 다른 점이 많이 있지만, '차별화된 최고 능력'을 가진 외부 협력의 중요성에 대한 인식 차이가 있다는 점도 지적할 수 있다. 애플이 '차별화된 최고 제품'을 만들기 위해 '반도체 분야 최고 제품'인 경쟁회사인 삼성전자의 반도체도 사용하는 데 반해, 삼성전자는 계열사 내지 협력사의 '최고'가 아닌 배터리를 사용하여 갤럭시 노트7의 실패를 자초하였다는 지적도 있다.

이제 차별화된 최고 제품·서비스가 아니면 살아남을 수 없는 승자독식의 시장 환경이 조성되고 있다. 이런 승자독식의 시장 환경하에서는 기업이 자체적인 '차별화된 최고 능력'을 개발하는 것도 중요하지만, '차별화된 최고 능력'을 가진 외부 기업을 찾아내고 협업을 이끌어내는 것도 그에 못지않게 중요하다. 따라서 앞으로 기업은 자체적인 차별화된 최고 능력을 개발하는 데 도움이 되는 인재와 더불어 '차별화된 최고 능력'을 가진 외부 기업을 찾아내고 협업을 이끌어낼 수 있는 인재가 필요하다.

기업이 자체적으로 차별화된 최고 능력을 개발하는 데도 직원 개인의 능력보다는 팀워크가 필요한 게 현실이다. 직원 개인이 혼자서 '차별화된 최고 제품'을 만들어낼 기술을 개발하는 시대는 지났다. 더욱이 지금은 공급 과잉의 시대이기 때문에 설사 그런 기술을 개발한다고 하더라도 적절한 마케팅 전략이 가미되지 않으면 시장에서 외면당한다.

애플의 스티브 잡스처럼 기업 자체의 '차별화된 최고 능력'을 보유하면서도 '차별화된 최고 제품'을 만들기 위해 외부에서 도움을 받아야 할 '차별화된 최고 기술'들을 파악하고, 그런 기술을 보유한 기업들을 찾아내어 협업을 이끌어낼 수 있는 인재가 필요하다.

그러자면 지금처럼 한 분야를 깊게 아는 전문가(스페셜리스트)도 필요하지만, 전 분야를 이해하고 통합할 수 있는 능력을 갖춘 '제너럴스페셜리스트'가 더 필요하다. 전문가라도 타 분야와 협업할 수 있을 정도로 타 분야에 대한 어느 정도의 지식을 갖춘 인재가 되어야 한다. 나는 이런 인재를 'T형 인재'라고 정의한다. 특정한 분야에 어느 정도 깊은 지식을 갖고 있으면서 관련된 분야에 대해서도 이해할 수 있을 정도의 폭넓은 지식을 겸비한 인재를 말한다.

기업 자체의 '차별화된 최고 능력'과 외부의 '차별화된 최고 능력'을 조합하여 새로운 '차별화된 최고 제품·서비스'를 만들어내는 능력을 갖춘 인재를 'H형 인재'라고 부른다.

네트워크형 인재

요즘은 노인들에게도 스마트 폰은 필수 휴대품이다. 아이들도 기어 다닐 수 있을 정도가 되면 스마트 폰을 다룰 수 있다. 지하철에서도 대부분이 스마트 폰을 들여다보느라 고개를 푹 숙이고 있다. 게임을 하거나 스포츠 중계를 보는 젊은이들, 연속극이나 뉴스를 보고 있는 아줌마, 아저씨들, 손자 사진을 들여다보면서 미소 짓고 있는 할머니, 할아버지들을 보고 있노라면 스마트 폰이 없는 세상은 이제 상상할 수도 없게 되었다는 말을 실감하게 된다. 식구들이 모여서 식사를 하는 자리에서도 서로 스마트 폰을 들여다보느라고 대화를 하지 않는다. 명절 때 모인 식구들에게 스마트 폰을 끄고 서로 대화를 나누자고 호소를 하는 경우도 있다고 한다. 젊은이들은 형제가 방에 있어서 부를 때도 방문을 두드리는 게 아니라, 카카오톡 메시지를 보낸다고 한다.

SNS를 통해 서로 연결되어 있지만, 철저히 개인화되어 가는 현상이 바로 인공지능 시대의 중요한 특징 중의 하나인 네트워크 현상이다. 부모 자식 간에도 철저히 분리되고 개인화되어 있지만, SNS를 통해 전 세계의 누구와도 연결이 가능한 네트워크 사회로 변하고 있다.

인공지능 시대에서 기업의 성공 여부는 네트워크를 얼마나 잘 활용하느냐에 달려 있다. 산업사회에서는 대규모 자본과 표준화된 시스템을 갖춘 자체 설비로 싸고 우수한 품질의 제품을 대량으로 만들어 파는 기업이 성공했다면, 인공지능 시대에는 차별화된 최고 역량을 가진 기업들이 네트워크로 연결되어 소비자들이 필요로 하는 차별화된 최고 가치를 제공해야만 성공할 수 있다.

산업사회에서의 대표 기업인 현대자동차의 경우에 수직 관계인 협력 회사들을 통해 납품받은 부품들을 대규모 자본으로 구축한 벨트 컨베이어식의 표준화된 생산 공장에서 자동차를 대량 생산해야 성공할 수 있는 구조였다. 하지만 인공지능 시대의 대표 기업인 구글의 경우를 보면 소비자에게는 세계 최고의 검색 기능을 무료로 제공하고 수익은 광고 등 다른 방법을 통해 올리고 있다. 만약 구글이 산업사회의 패러다임으로 사업 전략을 구사하여 검색할 때마다 이용료를 받는 방법을 선택했다면 성공할 수 있었을까?

인공지능 시대의 네트워크 특성을 제대로 살리면서 제조업 분야에서 성공한 애플의 경우, 그 차이는 보다 더 명확해진다. 스티브 잡스가 애플에 복귀한 다음 첫 성공 제품으로 시장에 내놓은 아이팟의 경우를 보면, 세계 최고의 제품을 만들기 위해 자체 제작 방식을 고집하지 않고 세계 최고의 부품들을 외부 기업들로부터 납품받아 중국의 공장에서 조립하였다.

주요 부품들을 보면 자기 헤드는 일본의 TDK, 배터리는 일본의 소니, 케이스는 고바야시, 플랫폼은 포털플레이어(Portal Player), HDD는 일본의 도시바로부터 납품을 받아 중국의 심천 소재 공장에서 조립하였다. 애플의 차별화된 최고 역량인 아이튠즈라는 소프트웨어와 대형 음반사와의 음원 계약, 그리고 멋진 디자인을 바탕으로 세계 최고의 부품들을 납품받아 '세계 최고의 제품'을 만든 것이다.

심지어 애플은 스마트 폰 사업에서 가장 강력한 경쟁회사인 삼성전자로부터 반도체를 납품받고 있다. 소비자에게 필요한 세계 최고의 제품을 만들기 위해서는 경쟁회사의 부품이라도, 그 부품이 세계 최고라면 망설이지 않고 사용한다는 게 애플의 네트워크 전략이다.

애플처럼 사업 콘텐츠를 개발하는 기업에는 인공지능 시대의 패러다임을 이해하고 그에 맞는 새로운 사업 콘텐츠를 개발할 수 있는 창의적인 인재가 필요하다.

이런 사업 콘텐츠를 개발하는 데는 성실, 근면한 인재보다는 차별화된 아이디어를 낼 수 있는 톡톡 튀는 인재가 필요하다. 수직적인 조직에 순응하는 표준화, 평준화된 인재보다는 다른 사람들이 갖지 못한 자신의 강점을 살려 다른 사람들과 대등한 관계에서 협력하면서 차별화된 콘텐츠를 만들어 내는 인재가 필요하다. 내부 구성원들과 협력하여 시너지 효과를 내는 능력을 갖춘 인재도 필요하지만, '차별화된 최고 기술'을 가진 외부의 기업들을 찾아내고 협력을 이끌어낼 수 있는 능력을 갖춘 네트워크형 인재도 필요하다.

인공지능 시대의 네트워크 패러다임을 잘 이해하는 능력이나 협업에 필요한 소프트 스킬은 현재 학교에서 배우는 공부와는 별 상관이 없는 능력이다. 물론 새로운 패러다임을 이해하고 협업을 위한 소프트 스킬을 갖추기 위해서는 어느 정도의 학교 공부는 필요하겠지만, 학교에서 가르치는 주입식 지식이 절대적인 비중을 차지하지는 않는다.

물론 공부를 잘하는 인재가 전혀 필요 없다는 말은 아니다. 예를 들어 애플에 부품을 납품하기 위해서는 '세계 최고의 부품'을 개발해야 하는데, 이를 위해서는 현재의 학교에서 공부를 잘하는 인재가 필요하다. 하지만 '세계 최고의 부품'을 개발할 수 있는 능력을 갖춘 인재는 그렇게 많이 필요 없다는 데 문제가 있다. 과거에는 공부를 잘하는 인재들을 순서대로 뽑아서 최고 인재들은 '세계 최고의 제품'을 개발하는 데 투입하고, 그 다음으로 공부를 잘하는 인재들은 생산, 품질관리, 영업 등 평범한 일에 투입하면 됐다. 하지만 이런 평범한 일들은 이제 컴퓨터나 로봇이 대체하고 있기 때문이다.

다행스러운 점은 과거와 달리 새로운 콘텐츠를 개발하는 창의적인 인재나 협업을 잘할 수 있는 소프트 스킬을 갖춘 인재가 점점 더 많이 필요하게 되었다는 점이다. 과거 산업사회에서는 필요한 인재의 기준이 주어진 업무를 얼마나 효율적으로 잘 수행하느냐라는 한 가지였다면, 인공지능 시대에는 개인적으로 수행하는 업무 효율로만 승부할 필요가 없고, 다른 사람들 내지는 인공지능의 도움을 받아 창의적인 콘텐츠를 만들어내는 능력이 더 필요하다는 의미다. 과거 산업사회에서는 혼자서 하는 업무가 많아서 하드 스킬이 뛰어난 인재가 혼자 일해서 업무 성과를 낼 수 있었지만, 인공지능 시대에는 혼자 일해서는 성과를 내기 힘들다.

이처럼 하드 스킬은 물론 소프트 스킬을 동시에 갖추고 있는 인재를 '스마트 스킬'을 갖춘 인재라고 한다. 다음에는 스마트 스킬 인재에 대해서 살펴보겠다.

스마트 스킬을 갖춘 인재

몇 년 전만 해도 강연을 가서 교수들을 만나면 공대의 인기가 떨어져서 걱정이 많다는 얘기를 많이 들었는데, 요즘에는 공대의 인기가 다시 올라가서 다행이라는 얘기를 많이 듣는다. 공대의 인기가 올라간 이유는 첨단 기술 사회가 되면서 기술 기반 학문의 필요성이 높아졌기 때문일 것이다.

하지만 인공지능 시대가 본격화되면서 인공지능 개발과 응용에 필요한 첨단 기술 분야는 각광을 받는 반면에, 일반 기술 분야는 인공지능으로 대체되는 현상이 나타나고 있다. 더욱이 일반 기술 분야에 취업한 직장인들에게는 창의적 콘텐츠 개발을 위한 인문학적 소양, 즉 소프트 스킬이 요구되고 있다.

이에 대해 좀 더 자세히 살펴보기 위해 하드 스킬과 소프트 스킬의 관계

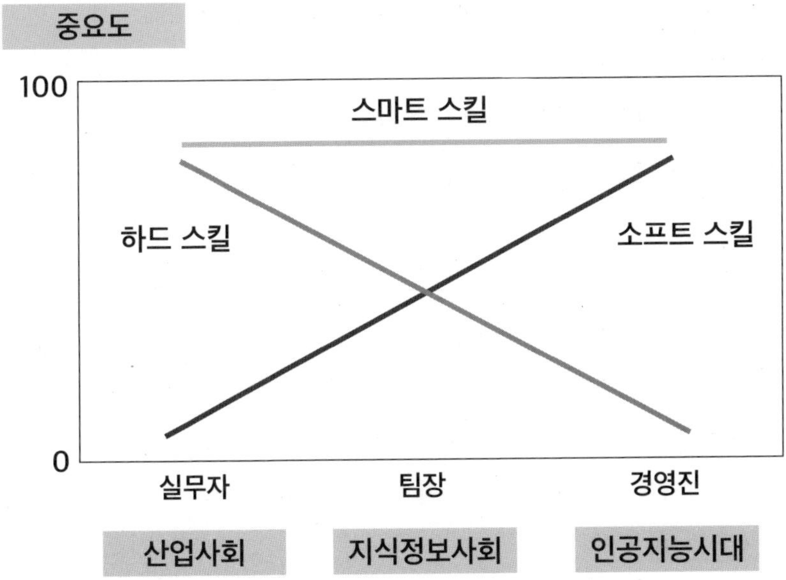

를 그래프로 나타내 보았다. 여기서 하드 스킬은 혼자 업무를 처리하는 능력이고, 소프트 스킬은 협업을 통해 업무를 수행하는 능력을 말한다.

이 관계를 통해 왜 공학계열 졸업생들이 인문사회계열 졸업생들보다 취업이 잘 되는지를 어느 정도 설명할 수 있다.

즉 신입사원으로 취업을 할 때에는 기술 기반의 하드 스킬을 가진 공학계열 졸업생이 더 선호되기 때문에 취업이 더 잘 되는 것이다. 하지만 대부분의 기업들을 보면 신입사원의 비율에서는 공학계열의 비율이 높지만, 경영진으로 올라갈수록 공학계열보다는 인문사회계열의 비율이 훨씬 더 높아진다. 그 이유는 일반적으로 보면 공학계열의 소프트 스킬이 인문사회계열에 비해 떨어지기 때문이다.

스마트 스킬은 인공지능 시대가 되면 더욱 빛을 발하게 된다. 산업사회에서는 하드 스킬이면 충분히 평생을 직장에서 편안하게 보낼 수 있었지만, 지식정보화 사회를 지나 인공지능 시대가 되면 하드 스킬에 더하여 소프트 스킬까지 겸한 스마트 스킬을 갖춰야 한다. 하드 스킬은 인공지능이 대체하기 때문에 인간은 인공지능이 할 수 없는 콘텐츠를 만들어내야 하기 때문이다.

물론 인공지능이 소프트 스킬을 갖추고 있지 않기 때문에 직장인들이 소프트 스킬만 갖추면 되는 게 아니냐고 반문할 수도 있다. 하지만 창의적인 콘텐츠를 만들어내기 위해서는 하드 스킬을 충분히 이해해야만 한다. 이처럼 자신의 깊이 있는 하드 스킬에 더하여 낮은 정도의 소프트 스킬을 겸비한 인재를 뒤에 설명할 'T형 인재'라고 부른다.

T형 인재와 H형 인재

인공지능 시대의 네트워크 특성에 부합하는 스마트 스킬을 갖춘 인재형은 말하자면 토요타 자동차에서 주창한 'T형 인재'다.

T형 인재는 토요타(TOYOTA) 자동차의 첫 글자인 T를 따서 만든 것인데, 자기 분야는 깊게(I) 알되, 주변 분야의 지식도 넓게(—) 갖춘 인재를 말한다. 원래 의미는 토요타 자동차 공장에서 공정 개선을 위해 직원들이 좀 더 효율적인 제안을 내도록 하기 위해 제안된 인재 모델이다.

단순히 자기가 맡은 공정에 대한 지식만 가지고 제안을 낼 때보다는 앞뒤 공정 더 나아가 자동차 공정 전체에 대해 넓게라도 알고 제안을 낼 때 훨씬 더 좋은 제안을 많이 한다는 의미에서 만들어낸 개념이었다.

타이어를 조립하는 기능공이 단순히 타이어에 대한 지식만 아는 것보다는 타이어에 연결된 조향 장치, 더 나아가 자동차의 구동 원리를 이해하면 더 좋은 제안을 낼 수 있게 된다. 현재는 이 개념을 확장해서 자신의 전공 분야는 깊게 알되, 연관된 여러 지식을 폭넓게 아는 인재를 뜻하게 되었다.

예를 들어 나처럼 화학공학 전공의 경우에는 화학공학 전공에 더하여 다른 분야의 공학적인 전공들을 폭넓게 아는 T형 인재가 되는 것도 중요하지만, 다른 인문학 분야들에 대한 폭넓은 지식도 갖춘 T형 인재가 되는 것이 더 중요하다. 여기서 전제는 자신의 전공 분야에 대한 깊은 지식을 갖춰야 진정한 T형 인재가 될 수 있다는 것이다.

전공 지식은 평범하지만 무궁무진한 타 분야의 지식으로 차별화된 T형 인재가 될 수 있고, 어떤 사람은 타 분야에 대한 지식은 그저 그 분야를 이해할 수 있을 정도이지만, 자신의 전공에 대해서는 타의 추종을 불허할 정도의 지식을 갖춘다면 또 다른 형태의 차별화된 T형 인재가 될 수 있을 것이다.

몇 년 전 글로벌 HR포럼에 참석했던 래리 라이퍼 스탠퍼드대 교수는 '다학제적인 환경에서 공부한 사람이야말로 차세대 리더가 될 것'이라고 주장했다. 그는 이런 다학제적인 환경을 통해 21세기의 네트워크 사회가 요구하는 T형 인재를 양성할 수 있다고 하였다. 더 나아가 그는 "21세기 교육의 목표는 T자에서 한 걸음 더 나아가 아래로 뻗은 직선이 여러 개가 되는 진화된 멀티 T형 인재를 길러내는 것이 돼야 한다."고 역설했다.

인공지능 시대에서 필요한 확실한 차별화를 위해서는 한 가지 전공 분야에서 깊은 지식을 가진 단순한 종래의 T형 인재로는 부족하고, 여러 분야에서 전문가 못지않은 지식을 갖춘 진화된 멀티 T형 인재가 되어야 한다는 얘기다.

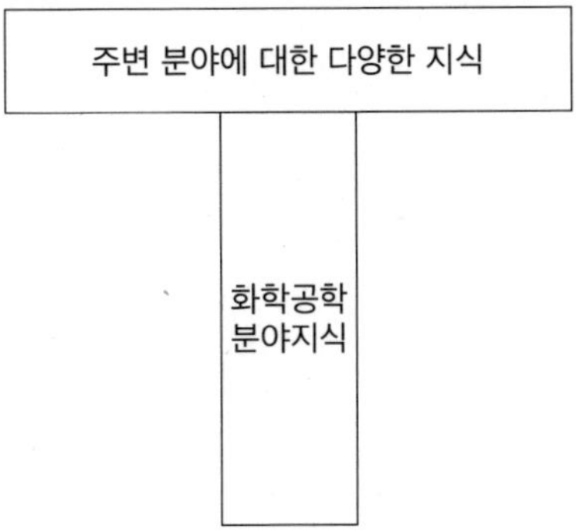

<T형 인재>

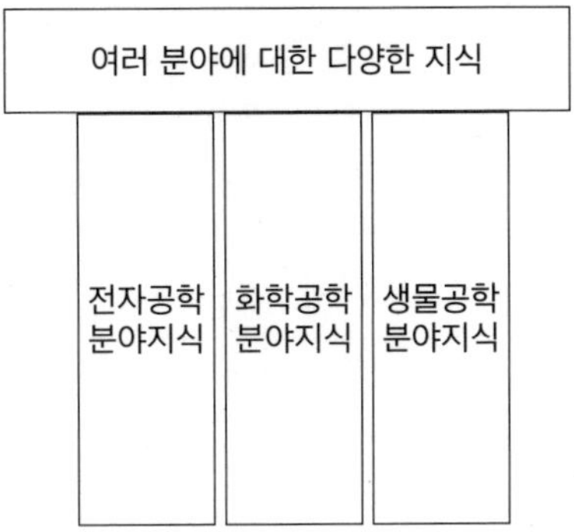

<진화된 멀티 T형 인재>

앞에서 제시한 스마트 스킬을 갖춘 인재와 멀티 T형 인재가 네트워크 사회에 필요한 '차별화된 최고 인재'가 되기 위한 방법론으로써의 인재라면, 이를 적용하여 실제 효과를 낼 수 있는지를 보여주는 인재가 'H형 인재'다. H형 인재는 앞서 설명한 T형 인재에서 한 걸음 더 나아가 네트워크를 잘할 수 있는 차별화된 특성을 지닌 인재다. T형 인재가 자신의 전공과 주변 지식을 넓힌 개인에 관한 개념이라면, H형 인재는 자신의 차별화된 강점과 다른 사람의 차별화된 강점을 네트워크로 연결하여 강력한 합체를 만드는 능력을 지닌 인재다.

H형 인재는 자신의 기업의 강점과 외부 기업의 강점을 네트워크로 연결하여 차별화된 사업 콘텐츠를 만들어 내는 능력을 갖춘 인재를 말한다. H형 인재가 개인의 차별화를 위한 것이라면, 이 원리를 사업에 적용하면 H형 기업이 된다. H형 기업은 내 기업이 잘할 수 있는 분야, 즉 핵심역량에만 집중하고 나머지는 아웃소싱 하여 경쟁력을 높이는 기업이다.

<H형 인재>

산업사회에서는 거대 기업이 경쟁력이 있었기 때문에 계열화를 통한 몸집 불리기가 대세였다. 즉 내부에서 할 수 있는 일은 모두 내부에서 하고, 사업 초기에는 힘에 부쳐서 남에게 맡겼더라도 나중에 힘이 생기면 자신이 직접 하는 것이 당연한 추세였다. 그래서 어느 제조 대기업에서는 구내식당에서 쓰는 두부까지도 자체 생산했다는 웃지 못 할 일도 생겼다.

하지만 네트워크 사회에서는 스피드가 곧 경쟁력이고, 변화와 혁신이 필수다. 핵심 사업 분야만 자신이 하고, 나머지는 아웃소싱 하는 것이 몸집이 가벼워 스피드를 낼 수 있다. 더 나아가 아웃소싱을 하면 필요에 따라서 인원 감축이라는 소모적인 행위 없이도 변화와 변신을 쉽게 할 수 있는 장점이 있다. 이처럼 인공지능 시대에 적합한 H형 기업에는 H형 인재가 필요할 것은 너무나 자명한 이치다.

제6장

생존을 너머서

- 산업사회 기업에 다니고 있다면?
- 신의 직장에 다니고 있다면 안심?
- 창업을 준비한다면
- 인공지능 시대에 맞는 자녀 교육
- 은퇴를 준비하고 있다면

한 가지 질문에 대해 생각해보자. 안정된 시대에 사는 게 좋을까? 아니면 격변의 시대에 사는 게 좋을까? 안정된 시대에 살면 하루하루 살아가기에는 좋지만 무언가를 크게 이루기는 어려운 반면, 격변의 시대에 살면 하루하루는 고생하지만 잘만 하면 성공의 기회를 잡을 수 있다.

미국 건국 초기의 격변기에 미국으로 이민 온 사람들은 고생도 했지만, '아메리칸 드림'으로 불리는 성공의 기회를 잡은 경우도 많았다. 한국의 베이비부머들도 농경사회에서 산업사회로 넘어가는 격변의 시대에 살면서 고생도 했지만, 경제발전과 부동산 붐에 의해 부를 축적할 수 있는 기회를 잡을 수 있는 행운도 가졌다. 따라서 안정된 시대에 사는 게 좋은지, 격변의 시대에 사는 게 좋은지는 어느 한쪽이 좋다고 일방적으로 대답할 수 있는 질문이 아니다.

그렇다면 산업사회에서 인공지능 시대로 넘어가는 격변의 시대에 살고 있는 우리들은 어떤가? 인공지능 시대의 패러다임을 제대로 이해하고 대처하는 사람들은 성공의 기회를 잡을 수 있다.

6장에서는 인공지능 시대에 구체적으로 어떻게 대처해야 할 것인가에 대해 몇 가지 예를 들어 살펴보려고 한다. 더 나아가 앞에서 다루지 못했던 인공지능 시대를 맞아 창업을 할 경우, 또 자녀 교육을 할 경우, 은퇴를 앞둔 직장인들의 경우에 어떤 준비를 해야 할 것인가 등에 대해서도 간단하게 살펴보려고 한다.

산업사회 기업에 다니고 있다면?

하루하루 시키는 일 처리하기도 벅차고, 어떻게든 자리보전해서 승진할 것인가 등 눈앞에 닥친 상황을 해결하기 급급한 직장인에게 현실화하지 않은 막연한 미래는 걱정거리조차 되지 않는다. 그렇다고 마냥 손 놓고 인공지능 시대를 맞이할 수는 없다. 어떡해서든 고민의 자리를 만들어야 한다. 설사 내일모레 직장을 그만둘 처지라도 100세 시대에는 어차피 퇴직 후에 인공지능 시대를 살아가야 하기 때문에 직장에 다니고 있을 때 미리 대비를 할 필요가 있다.

가장 먼저 현재 자신이 일하고 있는 회사가 인공지능 시대에 적합한 회사인지 판단하는 것으로부터 시작하자. 회사가 인공지능 시대에 적합한 회사가 아니라면 미래에 대해 깊이 생각해봐야 한다. 그런 경우 선택의 길은 세 가지다.

첫 번째는 현재 직장에 집중하면서 미래의 일은 그때 가서 걱정하는 방법이다. 두 번째는 회사를 인공지능 시대에 맞도록 혁신시키는 방법이다. 세 번째는 현재 일하고 있는 직장을 그만두고 새로운 직장이나 창업 등 새로운 길을 선택하는 방법이다.

첫 번째 방법은 가장 좋지 않은 방법이지만, 현실적으로 대부분의 직장인들이 선택하고 있는 방법이기도 하다. 이 방법을 선택하는 가장 많은 이유는 변화에 대한 필요성을 느끼지 못하기 때문이다. 변화의 필요성을 느끼고 있다 하더라도 하루하루 살아가기도 바쁘다든지, 힘없는 조직원으로서 거대한 회사라는 조직을 혁신시킬 힘이 없다는 핑계로 이 방법을 선택하는 경우가 많다.

두 번째 방법, 즉 회사를 혁신시키는 방법이 직장인에게는 가장 이상적인 방법이다. 문제는 개인의 힘으로는 회사를 혁신한다는 일이 쉽지 않다는 데 있다. 아니 개인 혼자 노력해서는 거의 불가능에 가깝다고 봐야 한다. CEO 또는 오너가 회사를 혁신하려고 해도 쉽지 않은 일인데, 중간 관리자 또는 일반 직원이 나서서 회사를 혁신한다는 것은 불가능하다고 봐야 한다. 만약 최고 경영층이 나서서 회사를 인공지능 시대의 패러다임에 맞게 혁신하려고 한다면 직장인이라도 앞장서서 나서볼 가치는 충분히 있다. 혁신에 실패하더라도 개인적으로 배우는 바가 충분히 있을 것이기 때문이다. 더욱 바람직하게는 회사가 혁신에 성공한다면 회사와 함께 성공의 기쁨을 누리면서 자신의 성공의 기회도 커질 것이다.

세 번째 방법인 이직을 하거나 창업을 시도하는 경우에는 더욱 신중해야 한다. 이직을 할 경우에는 이직 대상 기업이 인공지능 시대의 패러다임에 맞는지 정확히 파악해야 한다. 아울러 자신이 그런 회사에 맞는 능력을 갖고 있는지, 또 그런 회사에 적응할 준비가 되어 있는지도 살펴봐야 한다.

가상의 사례를 통해 어떤 선택이 바람직한 것인지 살펴보자.

자동차 회사에 다니는 김주행 과장은 요즘 머리가 복잡하다. 김 과장은 연구소로 입사했다가 공장에 5년간 근무한 다음 최근에 자율주행자동차 개발 관련 TFT가 구성되면서 다시 연구소로 오게 되었다. 공장에 근무할 때는 해외 현지 공장 설립과 국내 공장 자동화로 인한 인원 감축 문제 때문에 현장 근무자들이 반발하면서 한시도 편할 날이 없었다. 날로 치열해지는 글로벌 기업들과의 경쟁에서 살아남기 위해서는 현지 공장 설립과 자동화가 필요하다는 회사 측의 입장에 동의하지 못하는 것은 아니었지만, 일자리가 줄어드는 것을 받아들일 수 없다는 현장 근로자들의 절박함도 충분히 이해할 수 있었다. 이런 답답한 상황을 지켜보던 김과장이 회사 경쟁력도 살리면서, 근로자들의 일자리도 지킬 수 있는 방법은 없는 것일까?"라고 걱정하던 차에 연구소로 다시 발령을 받게 된 것이었다.

연구소에서 일하게 된 새로운 팀의 목표는 자율주행자동차의 개발이다. 하지만 10여 명밖에 되지 않는 팀원 구성이나 배정된 예산을 봤을 때 회사에서 제대로 개발을 수행하고자 하는 의지가 있는지 의구심이 든다. 이미 구글 등 다른 기업들은 상용화 시험 단계인데, 이렇게 미적거리면서 어떻게 쫓아가겠다는 것인지 한심하다는 생각이 든다.

며칠 전 세계 자율주행자동차 개발 현황 조사에 대한 보고에 대표이사가 참석하지 않은 것으로도 회사의 의지를 짐작할 수 있었다. 노조에서도 자율주행자동차 개발에 대해 경계심을 갖고 있다는 말을 들으면서 더 마음이 답답해졌다.

오늘은 동창모임에서 친구들과 술 한 잔 하면서 답답한 마음을 풀어보기로 했다. 공장 근무할 때는 야근이 잦았고, 연구소에 와서도 처음 시작하는 프로젝트라 일이 많아 늦게까지 일했었는데, 오늘은 모처럼 정시에 퇴근했다.

몇몇 친구들이 도착해 있었다. 오랜만에 만난 친구들과 악수를 하면서 빈자리를 찾다가 화학 관련 중소기업에 다니는 친구 강산성이 옆에 있었다. 반갑게 인사를 하고 근황을 물으니 아직 그 회사에 다닌다고 했다. 회사 상황을 물으니 중소기업이 생산하던 화학제품들은 대부분 중국이나 베트남 등으로 이전해서 매출이 반 토막 났다고 했다. 매출이 줄면서 다른 신제품을 개발하려고 해도 유능한 인력을 구할 수가 없다고 강산성은 한탄을 했다.

더구나 기업 오너는 공장부지 가격이 오르면서 기업 운영에 대한 관심보다는 부동산 가격이 더 오를 것인지에만 관심이 있다고 했다. 지금도 기업 오너는 새로운 사업을 시도하기보다는 공장을 임대하고 임대료를 받다가 부동산 가격이 더 오르면 팔 생각인 것 같다고 한탄을 했다. 그런 상황이다 보니 회사에 근무하는 직원들도 다른 기업으로 이직할 기회를 노리고, 회사 업무에는 그다지 관심이 없는 실정이라고 했다.

자 그렇다면 대기업 자동차 회사에 다니는 김주행 과장은 어떻게 해야 할까? 가장 이상적인 방법은 회사가 인공지능 시대에 제대로 대비하기로 결정하고 김과장도 이에 일조하는 것이다. 하지만 산업사회의 제조업 전형인 자동차 회사가 인공지능 시대에 대비하겠다고 결정하고 실행하는 것은 쉬운 일이 아니다. 설령 최고경영층에서 그런 결정을 했다 하더라도 산업사회 패러다임에 익숙한 중간 경영층이나 노조가 이에 진심으로 동조하기가 쉽지 않다.

김과장이 담당하고 있는 자율주행자동차 프로젝트도 최근 상용화에 가까워졌다는 소식을 들은 경영진에서 현황을 조사해 보라는 의미 정도일 가능성이 크다. 회사로서는 자율주행자동차 개발을 외면할 수도 없고, 그렇다고 상용화에 앞장서면 기존 사업이 지장을 받을 것이기 때문에 이러지도 저러지도 못하는 상황에 처해 있을 것이다.

김과장으로서는 두 가지 선택의 길이 있다. 첫 번째는 회사를 설득해서 자율주행자동차의 개발에 박차를 가하고, 회사 체질도 새로운 시대의 패러다임에 맞게 혁신하도록 하는 것이다. 만약 회사가 첫 번째 방법에 미온적이라면 두 번째 방법으로 새로운 시대의 패러다임에 맞는 회사를 찾아 이직을 하는 것이다.

화학 분야 중소기업에 다니는 강산성의 경우에도 김과장과 마찬가지로 두 가지 선택이 있다. 첫 번째는 인공지능 시대에 맞게 회사를 혁신하는 것이다. 화학회사이기 때문에 IT 등 새로운 분야로 뛰어드는 것도 위험하고, 중소기업이기 때문에 우수 인력을 확보하고 대규모 투자에도 분명히 한계가 있다. 하지만 인공지능 시대의 패러다임인 공유와 상생, 맞춤형 생산 등을 제대로 활용하면 도움을 받을 수 있다.

인공지능 시대라고 해서 고객들이 반드시 최첨단 기술만을 요구하지는 않는다. 기술이 발전할수록 인간에게 이로운 제품들, 예를 들면 친환경 제품에 관심을 많이 갖게 된다. 물론 친환경 제품이라고 해서 시장에서 무조건 팔리지는 않겠지만, 개발도상국에서 생산하는 기존 화학제품과 경쟁하는 것보다는 성공 가능성이 높을 것이다.

새로운 화학제품을 개발하고 생산하기로 결정을 했다면 시장성 파악과 개발도 외부의 도움을 받을 수 있는 방법을 강구해 볼 필요가 있다. 시장성 파악을 위해서는 대기업경제연구소의 조사보고서를 활용하거나, 시장 조사 기업에 의뢰하는 것이 바람직하다. 중소기업이 직접 제품을 개발하기보다는 외국에서 기술을 도입하거나 정부출연연구소의 도움을 받는 방법도 마련해 볼 필요가 있다.

하지만 사업에는 이미 마음을 접은 기업 오너가 마음을 바꾸지 않는다면 인공지능 시대에 맞는 기업을 찾아보고 하루빨리 이직을 하는 것이 최선책이다. 물론 이직하기 전에 이직하고자 하는 인공지능 시대 기업에 맞는 능력을 키우는 노력을 해야만 한다.

신의 직장에 다니고 있다면 안심?

한동안 '신의 직장'이라는 단어가 유행한 적이 있다. 급여 수준도 높고, 안정적이면서, 업무 강도도 그리 높아 보이지 않는 공공기관 또는 준 공공기관을 일컫는 단어였다. 나중에는 '신도 모르는 직장'이라고 하여 일반 사람들이 잘 모르지만, '신의 직장'에 못지않은 대접을 받을 수 있는 직장을 일컫는 말까지 등장했다. '신의 직장'은 대부분 공사 형태로 운영되거나 과거에 공사였다가 민영화되었지만 오너가 별도로 없는 기업을 주로 일컫는다.

대부분 공공 기관에서 담당해야 하는 일을 하기 때문에 독점에 가까운 사업 형태를 유지하는 경우가 많다. 또한 과거에는 급여가 낮았지만 최근 들어 급여가 오르면서 일반 기업과도 큰 차이가 없거나 오히려 높은 경우도 많다. 공공기관과 유사한 형태로 운영되기 때문에 직업의 안정성도 아주 높은 편이다.

그렇다면 모두가 부러워하는 '신의 직장'에 다니는 직장인들의 경우에는 인공지능 시대가 되어도 아무 걱정이 없게 될까? 물론 소위 말하는 '신의 직장'은 일반 기업만큼 변화의 속도에 민감하게 반응하지는 않을 것이기 때문에 신의 직장에 다니는 직장인들의 경우 일반 기업에 다니는 직장인들보다는 일자리의 안정성이 더 높다. 즉 신의 직장에 다는 직장인들은 일자리를 잃는 속도가 훨씬 더 느릴 가능성이 높지만, 그렇다고 끝까지 유지될 가능성은 낮다고 봐야 한다. 신의 직장 자체가 산업사회 기업이므로 인공지능 시대에 적응하지 못하고 도태될 가능성이 높기 때문이다.

신의 직장에 다니는 것이 일자리 안정성 측면에서는 좋기도 하지만, 인공지능 시대에 적응을 더디게 한다는 측면에서는 단점으로 작용할 수도 있다. 평생 동안 신의 직장에 다닐 수 있다면 그나마 낫겠지만, 만약 신의 직장을 중간에 그만두어야 할 경우에는 다른 직장으로 이직하기도 힘들고, 창업하기도 곤란한 상황에 처할 수 있다. 신의 직장이 제공하는 안락함이 오히려 독으로 작용할 수도 있다는 의미다.

신의 직장에 다니는 직장인들뿐만 아니라 일반 기업의 직장인들도 정기적으로 지급되는 급여가 제공하는 안락함에 익숙하지 않도록 주의해야 한다. 안정적인 급여에 익숙해지면 인공지능 시대에 일반화될 불안정한 '긱 워크' 형태의 일자리에 적응하기가 힘들어질 수 있기 때문이다.

신의 직장에서 은퇴를 할 경우에도 백세 시대에 인생 후반부를 살아가는 데는 불리할 수 있다. 신의 직장이 주는 안락함, 갑의 위치에 익숙함 등이 인생 후반부의 사회생활에 지장을 줄 수 있기 때문이다.

과거처럼 정년퇴직을 한 다음에는 가족의 품에 돌아가 편안하게 여생을 보낼 수 있는 상황이 되지는 않을 것임은 틀림없는 사실이다. 개인별 차이가 있긴 하겠지만, 신의 직장이 주는 안락함에 익숙한 직장인들의 경우에는 정년퇴직 후 사회에 나왔을 때 적응하기가 힘들다.

신의 직장도 다양한 형태가 있기 때문에 여기서는 최근 위기에 처한 지방 대학의 경우를 예로 들어 보겠다. 앞에서 기술했던 김주행 과장의 가상 동창회 예로 돌아가 보자.

한탄을 늘어놓던 화학분야 중소기업에 다니는 강산성은 몇 년 전에 외국 유학을 마치고 지방대학교수로 임용된 나교수를 바라보면서 "그래도 안정적인 선생이 최고지?"라고 물었다. 그러자 나교수도 "말도 말아. 요즘 학생 수도 줄어들고, 학생들이 지방대학을 기피하는 바람에 대학 문을 닫을 지경이라 걱정이 많다"고 말했다. 교수들이 직접 고등학교를 돌아다니면서 학생들을 모집하라는 대학의 강권에 못 이겨서 다니다 보니 '잡상인과 대학교수 출입 금지'라는 팻말이 고등학교 교무실 입구에 붙어있을 정도라고 쓴웃음을 지었다.

학생들이 서울 근교의 대학으로 편입을 가다 보니, 학년이 높아질수록 학생 수가 줄어드는 현상까지 발생하고 있다고 했다. 더욱이 최근 정부의 등록금 인하 정책으로 인해 학교 재정이 나빠지면서 대우도 점점 더 나빠지고 있다고 했다. 교수로서 더 괴로운 것은 대학에서 연구시설에 대한 투자를 하지 않고, 대학원 학생도 없다 보니 연구 성과를 낼 수 없다는 것이다. 학교 평가가 연구 성과와 학생 취업률에 달려 있는데 지방대학으로서는 둘 다 달성하기 어려우니 괴롭다고 했다.

나교수는 "많은 돈과 기간을 투자해 어렵게 공부한 결과가 이건가?" 하는 자괴감이 든다고 눈물까지 글썽였다.

지방대학의 나 교수 경우에도 대학을 혁신하거나 이직을 하는 두 가지 방법이 있다. 하지만 다른 대학으로 이직하는 방법은 다른 대학들도 학생 수 감소에 의해 교수를 줄여야 하는 입장이라 기회가 거의 없다고 봐야 한다. 기업으로 이직을 하는 경우에는 무조건 이직을 할 게 아니라, 공동연구 등을 통해 그 회사의 분위기와 역량 등을 충분히 파악한 다음에 결행하는 것이 바람직하다. 문제는 대학의 수평적인 분위기에 익숙해 있는 나교수의 경우에 기업의 수직적인 구조에 적응하기가 힘들 가능성이 높다는 데 있다. 대학교수가 되기 위해서는 기존 대학교수들의 도움이 필요하지만, 일단 교수가 된 다음에는 교수들끼리 수평적인 관계가 된다. 물론 아직도 나이, 경력 등에 의해 약간의 서열이 형성되는 경우는 있지만, 기업에 비하면 무시할만하다. 따라서 수평적인 구조에서 일하던 나교수의 경우에는 기업, 특히 중소기업의 오너 중심의 수직적인 구조에 적응하기 힘들 것이다.

지방대학이 아니더라도 온라인 대학 강의가 일반화되기 시작하면, 수도권의 대학들도 위기를 맞을 가능성이 높다. 세계 최고 수준의 대학교수들의 강의를 거의 무료 수준으로 듣고, 학위를 딸 수 있다면 굳이 비싼 학비를 들이면서 대학에서 공부할 필요가 없게 될 것이다.

더군다나 과거의 경험을 가르치는 현재의 대학 교육으로는 빠른 속도의 변혁 시대에 생존하기 힘들다. 대학이 변해야 한다면 가장 먼저 해야 할 일이 바로 과거의 지식이 아니라, 미래를 보는 지혜를 가르치는 일이다.

물론 대학을 혁신하면 길이 전혀 없는 것은 아니지만 현실적으로는 상당히 어려운 일이다. 하지만 만약 나 교수가 대학 혁신 임무를 맡는다면 온라인 강의, 인공지능 시대에 적합하면서 서울 소재 대학들과 차별화되는 융합형 교육, 인근 직장인들을 대상으로 한 재교육 프로그램 등을 고려해볼 만하다.

인공지능 시대에는 긱 워크와 이직이 잦을 것으로 예상되므로 직장인들이 새로운 기술을 익힐 수 있는 재교육 프로그램을 만든다면 학생 수 감소에 의한 폐교 위험을 감소시킬 수 있을 것이다.

창업을 준비한다면

비행기를 이용하러 공항에 갈 때마다 교통편 때문에 고민을 많이 한다. 자가용을 타고 가면 편리하지만, 장기간 주차를 해놓을 경우에는 주차비가 만만치 않게 나와서 웬만하면 대중교통을 이용하는 편이다. 지금이야 지하철도 연결되어 있어서 편리하지만, 몇 년 전까지만 해도 버스가 유일한 대중교통이었다.

공항까지 가는 버스 편이 많긴 하지만 나는 주로 도심공항터미널 공항버스를 이용했다. 다른 버스를 이용할 경우에는 공항까지 가는 시간을 예측할 수 없었지만, 도심공항터미널 공항버스는 비교적 정확하게 운행시간을 지켰다. 도심공항터미널 공항버스가 정시운행을 할 수 있었던 건 버스 기사들끼리 무전을 하면서 교통 상황을 실시간으로 공유했기 때문이다.

내비게이션이 나오기 전에는 교통방송에서 가끔 교통상황을 알려주는 것이 유일했다. 그런데 도심공항터미널 공항버스는 버스 기사들끼리 무전으로 교통상황을 주고받으면서 막히는 길을 피해 덜 막히는 길로 우회하면서 거의 정시 운행 시간을 지켰다. 비행기를 놓치는 불상사를 피하려고 정시운행을 하는 도심공항터미널 공항버스를 선호했던 것이다.

자가용을 타고 가다 길이 막히면 도심공항터미널 버스가 생각나곤 했다. 그들처럼 교통상황을 실시간으로 알 수 있다면 얼마나 좋을까 하는 생각이 들었다. 만약 실시간 교통정보를 알 수 있는 시스템을 개발한다면 사업이 되지 않을까 하는 생각도 했다. 그런데 불과 몇 년이 지나지 않아 실시간 교통정보가 제공되기 시작했다. 그것도 차에 장착된 내비게이션이나 스마트폰의 앱을 통해서 무료로 말이다. 만약 막대한 자본을 투자해서 실시간 교통정보를 제공하는 기술을 개발하고, 사업화를 하려고 했으면 큰 낭패를 봤을 것이다.

물론 그 기술을 빨리 개발해서 자동차 회사나 휴대폰 회사에 팔았더라면 성공할 수도 있었을지 모르겠다. 하지만 산업사회 패러다임에 사로잡혀 있는 내 사업 마인드로는 직접 유료로 그 서비스를 제공하려고 하지 않았을까 하는 생각이 든다.

요즘 퇴직한 친구나 퇴직을 앞둔 후배로부터 "창업을 하려고 하는데 뭐 좋은 아이템이 없냐?"라는 질문을 많이 받는다. 그런 말을 들으면 "그런 좋은 아이템이 있으면 내가 하지 너에게 주겠냐?"라고 농담조로 받아넘기면서 아직도 아이템 중심으로 창업을 하려고 하는 사람들이 많다는 사실에 새삼 놀라곤 한다. 물론 아직도 싸고 품질 좋은 제품을 개발하면 성공할 수 있는 확률이 전혀 없는 것은 아니지만, 그 확률은 점점 더 낮아질 것이다.

과거 산업사회에서 제조업으로 신규 사업을 할 때 가장 성공 확률이 높은 경우는 국내에서 판매되고 있는 수입품을 조사해서 대체할 수 있는 제품을 개발하는 것이었다. 나도 과거에 신규 사업을 했었는데, 성공했던 두 가지는 모두 수입품을 대체하는 것이었다.

첫 번째는 이미 국내에서 판매되고 있는 수입품을 국내에서 생산하기 위해 외국 기술을 도입한 경우였다. 그 제품은 품질과 가격 면에서 경쟁력이 있었기 때문에 성공할 수 있었다. 두 번째는 국내에는 아직 판매되고 있는 제품이 아니었지만, 수요가 있을 것으로 판단되어 일단 수입하여 판매를 시작하고 어느 정도 시장이 형성되었을 때 국산화를 하여 성공하였다. 이 제품은 이미 비슷한 제품을 생산하고 있는 기업과 협업하여 개발하고 생산하였다. 그 회사는 기존 인력과 설비를 활용하고, 나는 제품에 대한 아이디어와 판매를 담당하는 네트워크 전략을 사용함으로써 서로 윈-윈할 수 있었다.

하지만 이런 수입품 대체 방식의 사업으로는 더 이상 성공하기 힘들다. 과거에는 한국 시장이 공급 부족 상태였기 때문에 품질이 우수하고 가격이 싼 제품만 개발하면 팔렸지만 이제는 공급 과잉 상태이기 때문에 품질이 우수하고 가격이 싸다는 이유만으로 시장에서 팔리는 경우는 드물다. 또한 과거와 달리 국내에서 판매되고 있는 수입 제품들도 국내에 기술이 없어서라기보다는 해외에서 생산하는 것이 경쟁력이 높기 때문인 경우가 많아서 수입품 대체 전략으로는 신규 사업하기가 힘들다.

그렇다면 인공지능 시대에 창업을 하려면 어떻게 준비해야 할까? 산업사회에서의 일반적인 창업 원칙 외에 특별히 인공지능 시대에 달라진 두 가지 원칙이 있다.

첫 번째 원칙은 고객에게 가치를 창출하는 콘텐츠를 만들어야 한다는 것이다.

왜 제품이나 서비스가 아니고 콘텐츠냐고 반문할 수도 있다. 제품이나 서비스는 공급자 입장에서 바라보는 것이고, 콘텐츠는 소비자의 입장에서 바라보는 것이라는 차이가 있다. 즉 제품이나 서비스 자체를 공급한다는 생각보다는 어떤 가치를 소비자에게 제공할 것이냐에 중점을 두어야 한다는 의미다.

자동차를 예로 들어보자. 자동차를 제품으로 생각하면 얼마나 싸고 품질 좋은 자동차를 만드느냐에 초점을 맞추게 된다. 하지만 소비자가 생각하는 자동차의 콘텐츠가 운송수단이라고 생각하면 굳이 소유하지 않고도 원할 때 편리하게 사용할 수 있는 서비스를 제공하면 된다. 우버가 바로 이런 콘텐츠를 만들어낸 것이다.

그 콘텐츠가 직접적으로 이익을 만들어낼 수 있느냐 하는 것은 별개의 문제다. 과거 산업사회에서 제품을 만들어 원가 이상의 가격으로 팔아서 차익을 남겼던 것처럼 콘텐츠를 팔아 수익을 남기겠다는 단순한 생각으로는 창업에 성공하기 힘들다. 고객에게 제공하는 콘텐츠에 의해 직접적으로 이익을 남길 수도 있지만, 대부분의 경우에는 별도의 방법으로 이익을 추구해야 한다.

구글은 고객들에게 검색 서비스라는 콘텐츠를 제공하는 기업이다. 그런데 구글이 검색 서비스를 팔아서 이익을 남기는가? 구글은 많은 돈과 인력을 들여 개발한 검색 서비스는 무료로 제공하면서 사람들을 끌어들이고, 광고라는 사업 콘텐츠를 활용해 이익을 남기고 있다. 구글은 차별화된 최고 검색 기능이라는 기술 개발도 중요했지만, 그에 못지않게 검색 기능을 통해 모은 고객을 활용해 수입을 올릴 수 있는 사업 콘텐츠의 개발도 중요했다. 구글은 사용자들과 검색 기능을 공유하고 기업들이 그 사용자들에게 광고를 할 수 있는 기회를 제공함으로써 상생하는 사업 콘텐츠를 개발한 것이다. 물론 구글은 검색 서비스를 통해 수집된 빅 데이터를 활용해 수익을 창출하는 방법도 강구하고 있다.

고객에게 제공하는 콘텐츠와 기업이 수익을 챙겨야 하는 방법 간의 괴리에 대해서는 최근 한국에서 논란을 불러일으키고 있는 카카오 택시콜 서비스의 유료화 논쟁에서도 잘 나타나고 있다. 그동안 카카오 택시콜 서비스는 고객들에게 무료로 제공됐는데, 우선 배차를 원하는 고객들에게 일정 금액의 웃돈을 받는 별도의 서비스를 제공하겠다고 하여 큰 반발을 사고 있다. 수익을 남겨야 하는 카카오의 고민은 충분히 이해하지만, 서비스의 유료화가 성공할 수 있을지는 지켜봐야 할 일이다. 물론 애플은 아이튠즈 음원 서비스도 유료이고, 앱 스토어에서 유료 앱을 다운로드 받을 때도 약 30퍼센트의 수수료를 받고 있다. 우버와 에어비앤비도 수수료에 의해 수익을 창출하고 있기 때문에 카카오 택시콜 서비스의 유료화가 불합리하다고 할 수는 없다. 문제는 무료로 서비스를 제공하다가 어느 정도 기반을 닦은 다음에 유료화하기 때문에 반발을 사고 있는 것이다.

두 번째 원칙은 자본 위주의 창업을 해서는 안 된다는 것이다.

산업사회에서의 창업 과정을 보면 먼저 시장에서 팔릴 만한 아이템을 찾아 개발한 후 시제품을 만들고, 공장을 건설하고 시장에서 판매하는 수순을 밟았다. 이런 과정을 거치려면 오랜 시간과 상당한 자금이 필요했다. 하지만 일단 이런 과정을 거쳐 자리를 잡으면 상당 기간 수익을 남기면서 기업을 운영할 수 있었다. 하지만 인공지능 시대에는 자본 위주의 투자로는 성공하기 힘들다. 산업사회에서 자본 위주의 투자가 성공할 수 있었던 이유는 공급 부족 상태였기 때문이다. 반면에 인공지능 시대에는 공급 과잉 상태라서 무조건 값싸고 좋은 제품을 생산하는 것이 성공을 보장해주지는 않는다.

자본 위주의 창업을 하지 말아야 하는 또 다른 이유는 제품의 라이프 사이클이 짧기 때문이다. 대규모 자본을 투입하면 제품의 라이프 사이클이 끝나기 전에 자금을 회수하기 힘들 수가 있다. 인공지능 시대에는 소비자들의 요구에 맞춰 제품을 수시로 업데이트해야 하는데, 대규모 자본을 투입하면 제품을 바꾸는 데 장애가 될 수가 있기 때문이다.

그렇다면 대규모 자본을 투입하지 않고 어떻게 제품이나 서비스를 만들어낼 수 있을까?

가장 좋은 방법은 그 제품이나 서비스를 만들어 낼 수 있는 기업과 손을 잡는 네트워크 생산 방식을 활용하는 것이다. 제품의 경우에는 생산설비를 갖춘 기업과 협업하고, 서비스의 경우에는 플랫폼을 활용하는 방안을 강구하면 된다. 자신의 핵심 역량에 집중하고 나머지는 네트워크를 통해 보완하는 전략을 택하는 것이 효율적이다.

네트워크 생산 방식을 선택할 때 가장 먼저 걱정하는 것이 노하우 유출 문제다. 특히 제품을 제조할 경우에는 더욱 노하우 유출에 대해 걱정을 많이 한다. 하지만 인공지능 시대에는 제품의 라이프 사이클이 짧기 때문에 끊임없이 새로운 제품을 개발하고 생산해야만 살아남을 수 있다. 즉 노하우가 유출되더라도 큰 문제가 없도록 새로운 제품을 끊임없이 내놓아야 한다.

앞에서 예를 든 강산성 씨의 중소기업처럼 제품 제조시설을 갖고 있는데, 기존 제품이 개발도상국과의 경쟁에서 뒤처져서 신제품 개발을 염두에 두고 있는 경우에도 다른 관점에서 생각해 볼 필요가 있다.

즉 자체적으로 신제품을 개발하려고만 하지 말고, 다른 기업들이 개발한 제품을 생산하는 네트워크 생산의 한 파트너로 역할 변경을 하는 것도 고려해 볼 필요가 있다. 신제품을 개발한 기업은 제품 생산을 위한 신규 투자를 하지 않아서 좋고, 강산성 씨의 회사는 기존 설비를 활용할 수 있어서 서로 윈-윈할 수 있기 때문이다.

대규모가 아니더라도 어느 정도의 자금이 필요할 경우도 있을 것이다. 이 경우에도 자금을 모으는 자체가 사업의 일부라고 생각하는 자세가 필요하다. 단순히 자금을 모으겠다고 생각하기보다 자신의 아이디어가 다른 사람들이 자금을 투자할 정도로 매력적인가를 판단하라는 것이다.

요즘은 아이디어를 아이디어마루(www.ideamaru.or.kr) 등 사이트에 올리면 여러 사람들이 보고 평이나 멘토링을 해주기도 한다.

사업성이 있거나 사회에 도움이 되는 아이디어라고 생각되면 조금씩 투자를 하는 크라우드 펀딩도 가능하다. 이런 방법을 활용해서 미리 사전 준비를 한다면 창업 후 5년도 안 돼 4곳 중 3곳이 폐업하는 사태는 막을 수 있을 것이다.

인공지능 시대에 맞는 자녀 교육

한국에서 교육만큼 말도 많고 탈도 많은 분야도 없을 것이다. 세계 최고의 교육열 덕분에 한강의 기적으로 불리는 초고속 경제성장이 가능했지만, 과열된 교육열은 인공지능 시대에 적합한 새로운 교육 시스템을 만드는 데 많은 지장을 주고 있다.

한강의 기적 주인공인 기성세대가 과거의 성공신화에서 벗어나지 못하고 자신의 교육 성공 경험을 자녀들에게 물려주기 위해 안간힘을 쏟지만 그 방향성이 인공지능 시대의 새로운 교육 시스템을 만드는 데 걸림돌이 되고 있다. 현재의 교육 시스템이 인공지능 시대에 필요한 인재를 길러내는 데 부적합하다는 점을 머리로는 이해하면서도 실제는 과거의 교육방식을 고집하고 있다. 선행학습을 위한 사설학원 교육에 엄청난 투자를 한다든가, 취업을 위한 고시학원으로 전락하고 있는 대학에 자녀를 보내기 위해 암기 위주의 교육을 강요하고 있다.

인공지능 시대에 교육의 중요성은 아무리 강조해도 지나치지 않는다. 몇 년 후 교육을 마치고 사회에 나올 우리의 자녀들은 틀림없이 인공지능 시대를 살아가야 한다.

그들이 인공지능 시대에 맞는 교육을 받지 못한다면 앞날은 어두울 수밖에 없다. 문제는 우리 교육이 여전히 바뀔 기미가 안 보인다는 데 있다. 교육 정책을 바꿔야 한다고 요란을 떨다가도 결국 입시 정책을 어떻게 바꿀 것이냐로 귀결되고 만다.

교육 방향이 획기적으로 바뀌지 못하는 이유는 학부모의 책임도 크지만, 교사, 교수의 책임도 크다. 인공지능 시대에 맞게 교육 내용을 바꿔야 하지만, 편하다는 이유만으로 교사와 교수들은 자신들이 산업사회에서 배웠던 교육 내용을 그대로 학생들에게 가르치려고 한다. 교사나 교수들이야 대한민국에서 가장 안정적인 직업이니 바뀔 필요성을 못 느끼는 것이다.

현재 한국의 교육은 두 가지 큰 위협에 노출되어 있다. 첫 번째는 학생 수의 급격한 감소이고, 두 번째는 인공지능 시대로의 패러다임 변화다. 두 가지 위협이 한꺼번에 닥침으로써 한국의 교육은 위험한 상황에 처하긴 했지만, 새로운 도약을 할 수 있는 좋은 기회라고 볼 수도 있다. 이 두 가지 위협은 서로 보완적이라서, 동일한 대책으로 두 가지 위협을 모두 해결할 수 있다.

학생 수의 감소는 인공지능으로 인한 일자리 감소 문제를 자연스럽게 해결하는 방편이 된다. 만약 학생 수가 급격하게 증가하는데, 인공지능의 도입으로 청년들의 일자리가 급격하게 줄어든다면 난감한 일이다. 또 인공지능 시대에 필요한 창의력을 키우는 교육을 위해서는 소수의 학생들이 토론식 수업을 하거나 프로젝트 수업을 해야 하는데, 학생 수가 줄어들면서 이런 여건이 자연스럽게 만들어지고 있다.

사람들은 인간이 인공지능에게 밀려나지 않을까 많이 걱정한다. 하지만 인공지능은 저절로 만들어지는 것이 아니라 인간이 만든다는 사실을 기억하자. 인공지능을 어떻게 활용할 것이냐 하는 선택도 인간이 한다. 인공지능을 인간에게 봉사하는 혜택으로 만드느냐, 아니면 인간을 인공지능의 노예로 만들 것이냐 하는 것도 모두 인간의 선택이다. 인공지능 시대에 가장 필요한 교육은 인간이 삶의 주인공이 될 수 있는 소양을 키우는 교육이어야 한다.

인간이 인공지능의 주인이 되는 교육을 위해서는 학교에서의 교육 내용을 바꾸는 것도 중요하지만, 부모의 자녀에 대한 간섭을 줄이는 것이 무엇보다도 중요하다. 학생들이 인생의 목표를 스스로 찾아내고 책임지는 능력을 길러 자신의 삶에 주체로 서야 한다.

김중웅은 『새로운 경제를 열다』에서 교육의 단계를 의식주 해결과 인간사회에서 생존할 수 있게 하는 생존 교육 단계, 사회생활에 원만히 적응할 수 있는 인성 교육 단계, 인간사회의 발전에 기여하는 새로운 부가가치를 만들어내는 창의성 교육 단계로 구분하였다. 산업사회의 교육이 생존교육 단계였다면, 이제는 인성 교육 단계를 넘어 창의성 교육 단계로 넘어가야 한다는 주장이다.

인성 교육, 창의성 교육을 위해서는 자신의 가치를 깨닫고 주체적인 삶을 살아야만 한다. 자신이 주체가 되는 삶을 살게 되면 자기실현을 위해 자신이 좋아하는 일을 하게 되고, 어려움이 닥쳐도 극복해 나갈 수 있는 힘을 갖게 된다.

인간이 인공지능의 주인이 되고 삶을 주도하기 위해서는 인공지능이 할 수 없는 창의적인 능력을 갖추는 데 도움이 되는 교육이 필요하다. 현재의 암기 위주 교육에서 탈피해 창의력을 키울 수 있는 토론식 수업을 해야 한다. 하지만 한국의 교육 현장에서는 질문을 하는 학생을 귀찮아한다. 인공지능 시대에 가장 중요한 능력이 올바른 질문을 할 수 있는 능력인데도 말이다.

산업사회에서는 노하우가 중요했다면 인공지능 시대에는 노왓이 중요해지고 있다. 이처럼 중요한 노왓을 생각해내기 위해서는 올바른 질문을 해야 한다. 노하우는 인공지능이 인간보다 더 잘할 수 있기 때문에 인간은 인공지능이 할 수 없는 노왓, 즉 콘텐츠를 만들어 낼 수 있는 창의적인 능력을 갖추는 것이 중요하다. 하지만 올바른 질문이 없이 인공지능에게 만들도록 시킬 노왓을 창조해낼 수 없다.

인공지능 시대에 필요한 소통·협력 능력을 갖춘 창의적인 인재를 키우기 위해서는 새로운 생각과 시도를 개인과 사회가 개방적으로 받아들이는 열린 문화가 조성되어야 한다. 이를 위해서 가장 좋은 방법은 어릴 때부터 서로 질문하고 토론하는 교육 체계를 만드는 것이다. 질문과 토론을 통해 다른 사람의 의견을 받아들이는 열린 마음자세를 가지도록 해야 소통·협력 능력을 키울 수 있다.

질문과 토론은 아이들에게만 한정하는 게 아니라, 부모나 교사·교수와도 이루어져야 한다. 부모나 교사·교수들이 아이들의 질문을 긍정적으로 받아들이고 수평적인 입장에서 토론을 해야 호기심을 계속 살려서 스스로 탐색하고 생각하면서 창의성을 키우게 된다. 이러한 부모나 교사·교수들의 열린 태도는 아이들에게 존중받는다는 느낌을 전달하게 되고, 아이들이 주체적인 삶을 살도록 격려하는 효과도 거두게 된다.

주체적인 삶을 살면서 창의적이고 소통·협력 능력을 갖춘 인재를 키우려면 구체적으로 어떻게 교육 방향을 바꿔야 할까?

아이들에게 주체적인 삶을 살면서 창의적이고 소통·협력 능력을 키워 주려면 책을 읽는 기회를 제공하는 것이 큰 도움이 된다. 이를 위해 학교에 책을 많이 보급하고 학생들이 책을 많이 읽을 수 있는 분위기를 조성하는 것이 중요하다. 공공 도서관을 확충하여 학생들뿐만 아니라 성인들도 책을 쉽게 접하고 읽을 수 있도록 하여야 한다. 물론 정보와 지식이 넘쳐나는 인공지능 시대에 굳이 책을 읽어야 하느냐고 반문할 수 있다. 책이 인공지능 시대에 맞는 인재를 키우는 데 도움이 되는 이유는 책을 통해 다양한 의견을 접하면서 다른 사람의 의견을 받아들이는 열린 마음을 갖도록 하기 때문이다. 자기와 다른 의견을 받아들이지 않는 사람은 주체적인 삶에 대한 철학을 키울 수 없고, 창의성과 소통·협력 능력을 키울 수 없다.

은퇴를 준비하고 있다면

예비 은퇴 직장인은 인공지능 시대를 어떻게 대비해야 할까?

인공지능 시대는 기업에만 영향을 주는 것이 아니라, 은퇴 후 삶을 포함한 사회 전반에 영향을 끼친다. 은퇴에 한정해서 긍정적으로 보자면, 삶을 풍요롭게 해주는 기회를 제공한다고 말할 수 있다. 물론 예비 은퇴 직장인들로서는 이제까지 살아온 세상과는 전혀 다른 세상에서 살아가야 한다는 것이 두렵기도 하겠지만, 새로운 패러다임을 제대로 이해하고 대처한다면 틀림없이 도움이 될 것이다.

과거 산업사회에서는 일정 연령 이상이 되면 노동을 제공할 수 없는 쓸모없는 인력이라 생각했다. 일정 연령 이상이 되면 노동시장에서 퇴출당하는 수모를 겪었다. 더욱이 신기술의 등장과 짧아진 제품의 라이프 사이클 때문에 퇴직 연령이 점차 낮아지면서 직장인들의 고민은 점점 더 커진다. 인간의 자연 수명은 점점 길어져 100세 시대를 바라보고 있는데, 노동시장에서의 경제 수명은 점점 짧아져, 사오정(45세 정년), 오륙도(56세까지 근무하면 도둑)라는 신조어까지 등장하고 있다.

신기술로 무장한 젊은이들도 견뎌내기 힘든 노동시장에서 나이든 은퇴 예비 직장인들이 어떻게 견뎌내겠냐는 자조 섞인 푸념이 나올 만도 하다.

그렇다면 예비 은퇴 직장인들이 인공지능 시대에 경제 수명을 늘리기 위해서는 어떻게 해야 할까?

대부분 최신 기술을 따라가려고 발버둥 치다가 결국 포기하는 경우를 많이 본다. 하지만 최신 기술을 따라가기도 힘들지만, 설사 따라간다고 해도 문제가 해결되는 게 아니다. 아무리 은퇴 예비 직장인들이 최신 기술을 익힌다고 해도 젊은 직장인들을 앞지를 수는 없다. 그저 최신 기술은 SNS를 통해 젊은 세대들과 소통하는 정도로 따라가되, 은퇴 예비 직장인들의 강점인 '인간적인 지혜'를 보태는 전략이 필요하다.

이에 대해 노동 전문가인 MIT의 경제학자 데이비드 오터의 말을 참고해 볼 필요가 있다.

"단지 기술적 재능만 필요한 일이라면 자동화할 가능성이 상당히 크고, 공감이나 유연성만 필요한 일이라면 인력을 무한히 공급할 수 있으므로 그런 것들은 임금을 많이 받는 일자리가 될 수 없습니다. 이 두 가지가 상호작용해야 선순환이 될 수 있습니다."

나는 예비 은퇴 직장인들에게 은퇴 후 인생 후반부에는 귀농이나 귀촌을 하자고 주장하고 있다. 이런 내 주장에 대해 반대하는 사람들은 귀농이나 귀촌을 하면 노동을 해야 하기 때문에 힘들고, 수요자인 도시와 떨어져

경제활동이 어렵다는 반론을 제기한다. 하지만 인공지능 시대에는 이런 불평이 통하지 않는다. 우선 지리적 거리는 요즘 교통수단의 발달과 SNS의 등장으로 과거처럼 중요하지 않게 되었다. 특히 전국 어디서나 인터넷, 특히 SNS를 자유롭게 이용할 수 있게 되면서 지리적 거리는 이제 심리적으로만 존재하게 되었다.

물론 지리적 거리를 내세우면서 부동산 투자에 더 큰 관심을 갖고 있는 예비 은퇴 직장인들에게는 서울에서 먼 시골로의 귀농 또는 귀촌은 그리 선호할만한 선택은 아닐 것이다. 하지만 인생 후반부에 귀농이나 귀촌을 생각하고 있다면 인공지능 기술을 잘 활용해보길 권하고 싶다. 왜냐하면 인공지능은 기성세대의 약해진 노동력을 보충해 줄 수 있기 때문이다.

인터넷을 통해 도시민들에게 농산물을 판매하고, 귀촌마을의 콘텐츠를 소개하는 정도는 이미 누구나 알 수 있는 정도다. 여기서 한 걸음 더 나아가 젖소를 키우는 데 인공지능을 이용하는 사례를 통해 인공지능이 어떻게 귀농에 활용될 수 있는지 살펴보겠다.

2014년 4월 22일 자 〈뉴욕타임스〉에 실린 기사를 보자(토머스 프리드저 『늦어서 고마워』에서 재인용).

뉴욕주 북부의 여러 농장에서 뭔가 신기한 일이 벌어지고 있다. 젖소들이 스스로 젖을 짜고 있는 것이다. 로봇은 소들이 하루 대여섯 차례 자동 착유를 위해 줄을 서며 스스로 젖을 짤 시간을 정할 수 있게 해준다. 젖소들은 목에 건 트랜스폰더(Transponder)를 통해 개별적으로 맞춤 서비스를 받는다. 레이저로 그들의 아랫배를 스캔해서 그 모습을 그려내면 컴퓨터가 각자의 '젖 짜는 속도'를 차트로 보여준다. 그 로봇은 각각의 젖소가 생산하는 우유의 양과 품질, 그 기계를 방문한 빈도, 사료 섭취량을 모니터링하며, 심지어 각각의 소가 하루에 떼놓는 발걸음 수를 살펴 언제 발정 상태가 됐는지 알려준다.

여기서 젖소의 발정상태를 알아내는 기술은 후지쯔가 개발한 것이다. 후지쯔 연구팀은 젖소의 걸음 수가 크게 늘어나면 95퍼센트의 확률로 발정기가 시작됐다는 신호임을 확인했다. 이제까지 수년 내지 수십 년의 경험을 가진 목동만이 알아낼 수 있었던 발정기를 알아냄으로써 젖소의 송아지 생산량을 늘리고, 그에 따라 우유 생산량도 늘어났다. 이처럼 인공지능 기술을 젖소 농장에 적용함으로써 노동력을 줄이고, 송아지와 우유 생산량도 늘릴 수 있다.

예비 은퇴 직장인들을 보면 대체적으로 인공지능 시대의 신기술을 전적으로 배척하거나 강박적으로 따라잡으려는 양극단적인 태도를 갖고 있다. 하지만 어차피 앞으로 인공지능 시대에 살아갈 거라면 지혜롭게 대처하는 자세를 가져야 한다.

가장 좋은 방법은 신기술을 이해하고 적절하게 이용하고, 자신의 강점을 보태도록 하는 것이다. 위에 예를 든 젖소 농장에 신기술을 적용하는 것처럼 말이다.

인공지능 시대가 될수록 인간적인 면의 중요성이 더욱 커진다는 사실을 명심할 필요가 있다.

인생 후반부에 귀촌을 하더라도 단순히 과거처럼 전원생활을 즐기기보다는 인터넷을 통해 사람들과 교류하되, 시골의 정취를 알릴 수 있는 콘텐츠를 제공해 보자. 신기술이 필요하면 도시 젊은이들의 도움을 받으면 되고, 콘텐츠는 자신이 만들면 된다.

제7장

공존을 위한 정책

- 사회제도 개선이 필요한 이유
- 성공보다 행복한 삶이 우선인 사회를 만들자
- 기본소득 정책이 기본이다
- 직장인의 창업이 쉬운 환경을 만들어야 한다

인공지능 시대에 닥친 일자리 문제를 해결하기 위해서는 일자리 문제가 개인들이 해결해야 할 과제라는 인식을 버려야 한다. 그리고 새로운 패러다임에 맞춰 사회제도를 개선하려고 노력해야 한다. 인공지능 시대가 왔다고 해서 하루아침에 모든 체제를 갑자기 바꿀 수는 없다. 더욱이 산업사회의 체제를 그대로 유지할 경우 이익을 보는 집단의 반발 가능성까지 고려하면 새로운 패러다임에 맞도록 체제를 바꾸는 것은 상당한 노력과 오랜 시일이 걸릴 것이다. 하지만 그렇다고 산업사회의 체제를 그대로 유지할 경우에는 혼란과 갈등이 더욱 커질 수 있다.

인공지능 시대에 맞는 체제는 저절로 만들어지는 것이 아니라 누군가 앞장서서 그 체제를 구축해야 한다. 그렇다면 누가 인공지능 시대에 맞는 체제 구축에 앞장 서야 할까? 물론 정부가 앞장 서야 하겠지만, 직접적인 당사자인 직장인들이 나서서 정부가 앞장서도록 압박을 가해야 한다. 그러기 위해서는 직장인들이 새로운 패러다임 변화를 제대로 인식하고, 그에 맞는 사회제도 개선을 필요성을 인식한 후 정부와 기업을 압박하여야 한다.

사회제도 개선이 필요한 이유

인공지능 시대를 제대로 대비하기 위해서는 기업과 개인, 정부 등 사회 전체 구성원들의 역할이 중요하지만, 특히 규칙을 정하고 심판 역할을 하는 정부의 역할이 가장 중요하다. 새로운 시대에 대비할 때 정부의 역할이 중요하다는 사실은 한국의 경제발전사에도 잘 나타난다.

한국이 농경사회에서 산업사회로 성공적으로 전환하면서 이룩한 한강의 기적도 정부의 주도적 역할에 힘입은 바 크다.

정부가 중공업 위주의 산업 정책, 재벌 중심의 기업 육성, 수출 주도 정책, 산업사회에 맞는 인재 교육 정책, 사회 인프라에 대한 집중 투자 등을 주도함으로써 한강의 기적을 이루는 발판을 마련했다. 물론 재벌 중심의 기업 육성 정책 등 현시대에 맞지 않는 일부 정책에 대해 비판을 받고 있지만, 그 당시 한국 경제 상황에서는 나름대로 효율적인 정책이었다고 볼 수 있다.

한국 정부가 농경사회에서 산업사회로의 전환 시에 주도적인 역할을 함으로써 한강의 기적을 일구어냈듯이, 산업사회에서 인공지능 시대로 넘어가는 이 시점에서도 정부의 적극적인 역할이 필요하다.

시대의 전환기에는 사회 구성원들 사이에서 유지되고 있었던 균형이 깨지면서 새로운 갈등이 생겨나기 때문이다. 즉 이해 당사자들끼리 문제를 해결할 때 나타나는 극심한 갈등을 최소화하기 위해서는 그나마 이해관계에서 먼 정부가 조정자 역할을 해야 한다. 더욱이 정부가 이해 당사자들인 사회구성원들에게 조정을 강제할 수 있는 어느 정도의 권한을 갖고 있다는 점도 이런 주장에 타당성을 더해 준다.

우선 인공지능 시대에 성공적으로 진입하기 위해서는 정부의 방향 제시가 중요하다. 한국이 어차피 모든 분야에서 앞서 나갈 수는 없기 때문에, 어떤 분야에 집중할 것인지 방향을 제시하는 것이 무엇보다 중요하다. 방향이 정해져야 그에 맞춰 정부는 인프라를 구축할 것이고, 기업과 개인도 그에 맞춰서 사업 방향을 정할 수 있기 때문이다. 이는 이미 한국이 산업사회에서 한강의 기적을 이루면서 경험했던 일이다.

또 지식정보화 사회로 넘어올 때 CDMA 기술의 세계 최초 도입, 초고속 인터넷망의 설치 등을 정부가 주도하면서 글로벌 경쟁에서 앞서나갈 수 있었다. 하지만 지금은 이런 하드웨어적인 접근으로는 한계가 있다.

인공지능 시대는 산업사회와 지식정보화 사회와는 패러다임 자체가 달라 소프트웨어적인 접근이 필요하기 때문이다. 문제는 한국 정부와 기업들이 산업사회의 하드웨어적인 성공 신화에 취해 있어서 소프트웨어적인 접근에 익숙하지 않다는 데 있다.

인공지능 시대의 대표 주자로 떠오른 우버와 자율주행자동차에 대한 정부의 역할에 대해 한 번 살펴보자. 우버에 대한 논쟁은 인공지능 시대를 맞아 정부 정책에 고려해야 할 몇 가지 시사점을 던져주고 있다.

일단, 인공지능 시대에 맞는 사업 비즈니스가 기존 사업자들의 이해관계와 충돌할 때 어떻게 대처할 것이냐 하는 문제다.

정부의 입장에서는 기존 사업자들의 반발도 무마해야지만, 인공지능 시대의 사업 트렌드를 무시할 수 없는 처지에 있다.

우버의 문제는 택시업계와의 갈등 관계로만 바라보지 말고, 우버가 인공지능 시대에 닥칠 자율주행자동차의 과도기적 형태라는 점을 이해해야만 해결의 실마리를 마련할 수 있다. 예를 들어 자율주행자동차가 등장하면 어차피 현재의 택시 면허제도는 근본적으로 개편되어야 한다.

현재는 택시회사가 운전기사를 채용하고, 그에 맞는 관리체제를 갖추고, 택시들이 주차할 수 있는 공간을 갖춰야 택시면허를 받을 수 있다. 하지만 자율주행자동차의 경우에는 운전기사가 필요 없고, 하루 24시간 쉬지 않고 운행할 수 있기 때문에 이런 택시 면허 요건이 불필요하다.

따라서 어차피 수년 안에 자율주행자동차가 상용화될 것이라면 무작정 우버의 등장을 막을 것이 아니라 이 기회에 그에 대한 대책을 세우는 것이 바람직하다.

이런 의미에서 한국 정부는 자율주행자동차의 등장에 대비하면서 택시업계의 입장도 반영한 미국 매사추세츠주의 예를 참고할 필요가 있다. 매사추세츠주는 2016년 8월에 우버를 합법화하는 조건으로 이용 횟수 당 20센트의 세금을 2026년까지 부과하기로 결정했다. 이 조치로 인해 매사추세츠 주가 우버로부터 징수하는 세금이 수백만 달러에 달할 것으로 예상되고 있다. 기존 택시업계는 이렇게 마련된 재원의 25퍼센트를 2021년까지 지원받기로 함으로써 우버의 합법화에 동의하였다. 기존 택시업계의 피해를 최소화하면서 인공지능 시대의 대세인 우버를 받아들이는 타협책을 선택한 것이다.

또 한 가지 예로 플랫폼 기업들이 직원을 직접 채용하지 않고 제삼자에게 위탁하는 노동이 늘어나면서 노동 관련법과의 괴리가 생기고 있다. 이런 플랫폼 노동자들은 '디지털 프레카리아트(Digital Precariat)'라 불리고 있는데, 모호한 정체성만큼 법적인 보호의 사각지대에 놓여있다. 이들은 현재 법규상으로는 자영업자에 속해 노동법 적용대상자가 아니어서 최저임금, 해고 보호, 단체협약에서 제외된다.

현재의 노동 관련 제도와 복지는 임금노동을 전제로, 그것도 정규직 기반의 산업사회를 기준으로 설계된 것이다. 따라서 인공지능 시대에 점차 일반화되고 있는 플랫폼 노동자들도 산재보험, 실업보험 등 사회보험에 통합하는 등 노동법과 사회보장제도의 보호를 받을 수 있도록 제도를 개선해야 한다.

동일한 노동을 제공하고도 산업사회에서 받았던 혜택을 인공지능 시대에는 받지 못한다면 누구를 위한 인공지능 시대인지 회의가 들 수밖에 없다. 산업사회에서는 노동이 소득과 복지의 원천이었지만 이제 시대가 변했기 때문에 정부도 그에 맞춰 제도를 정비할 필요가 있다.

인공지능 시대가 되면서 더욱 확산될 디지털 프레카리아트로 대표되는 비정규직 일자리는 양면성을 갖는다. 노동유연성이 높아지면서 더 많은 일자리가 창출될 수 있다는 점과 원하는 시간과 장소에서 일함으로써 삶의 만족도를 높일 수 있다는 점이 대표적인 장점이다. 이런 유연한 일자리 형태는 삶의 질과 일의 균형을 중시하는 미래 세대에게 적합하다.

반면에 유연한 일자리 형태는 결국 고용안정성을 낮추기 때문에 경제적 불안정을 가중한다는 단점도 있다. 하지만 결국 인공지능 시대가 되면 산업사회에서 보장되었던 노동권 등 근로자 권리를 요구하기 힘들어지고, 전통적인 근로계약에서 보장되던 안전망이 붕괴할 수밖에 없다는 점을 받아들여야 한다.

문제는 인공지능 시대에 맞는 사회 안전망을 얼마나 빨리 만들어 산업사회에서 만들어졌던 사회 안전망을 대체할 수 있도록 하느냐 하는 점이다. 정규직 전일제 노동을 전제로 제정된 현재의 사회보장제도를 전 국민을 대상으로 한 보편적인 기본소득제도를 실시하여 경제적 안정을 도모할 수 있도록 하는 것이다.

또한 교육 제도도 인공지능 시대에 맞춰 개편해야 하는데, 대학에서 창의적인 인재를 길러내는 것도 물론 중요하지만 직장을 다니면서 지속적으로 재교육을 받을 수 있는 시스템도 마련해야 한다. 왜냐하면 앞으로는 평생 수십 개의 직업을 가져야 할지도 모르기 때문이다.

일자리 문제 해결을 위해서 정부가 규제 개혁을 해야 한다는 목소리가 커지고 있다. 물론 현재의 규제들이 산업사회의 패러다임에 맞춰 만들어졌기 때문에 인공지능 시대에 새로 등장한 기업들의 비즈니스 모델에는 맞지 않는 측면이 분명히 있다. 하지만 이런 규제 개혁에 대한 목소리가 과연 인공지능 시대에 맞는 규제로 바꾸자는 것인지 단순히 사회 전체의 이익을 위해 만들어진 공공 성격의 규제를 폐지해 일부 기업의 단기적인 이익을 추구하자는 것인지 잘 따져봐야 한다.

정부가 규제 개혁을 검토할 때에는 규제 철폐 자체가 만능이 아니며, 필요할 때에는 오히려 새로운 규제를 만들어야 할지도 모른다는 점을 고려해야 한다. 어떤 규제가 철폐되지 않아 몇 개의 일자리가 생기지 못하고 있다는 등의 막연한 주장은 무책임하고 위험하기 짝이 없다.

특히 인공지능 시대에는 규제가 철폐되어 기업이 사업을 확장하거나 새로운 사업을 시작하더라도 일자리가 기대만큼 많이 생기지 않는다는 점도 고려해야 한다.

규제 개혁을 할 때 인공지능 시대의 패러다임을 잘 이해하고 그에 맞게 개혁을 해야 한다. 단순히 '네거티브 규제'니 '규제 샌드박스'니 하는 방법론에 얽매이지 말고, 인공지능 시대의 패러다임에 맞느냐 하는 데에 초점을 맞춰야 한다.

원격진료를 허용해야 하는지에 대해서 논할 때 원격진료가 영리병원의 합법화를 위한 수단으로 악용될 소지가 있는 것은 아닌지, 대다수를 차지하는 개인 의원 의사들이 자신들의 이익을 지키기 위해 반대하는 것은 아닌지 따져볼 필요가 있다. 앞으로 생체 센서의 개발 등으로 원격진료를 받아들일 수밖에 없는 상황이라면 이런 부작용을 최소화할 수 있도록 제도를 하루속히 보완하는 것이 필요하다.

규제 반대론자들은 전 세계 100대 스타트업의 사업 모델을 한국에 적용해봤더니 70퍼센트가 '사업 불가'라는 판정을 받았다고 한다. 그만큼 한국의 규제가 인공지능 시대에 안 맞는다는 의미도 되지만, 에어비앤비나 우버가 아직 불법인 국가가 많다는 사실도 명심할 필요가 있다.

인공지능 시대에 맞는 규제 개혁의 필요성에 대해서 논할 때 가장 먼저 생각해 봐야 할 문제가 지식재산권 제도다.

산업사회를 맞아 영국이 17세기에 생각해 낸 특허제도와 복제 방지제도는 경제발전에 지대한 공헌을 했다. 하지만 공유와 상생의 패러다임을 기반으로 하는 인공지능 시대에는 지식재산권 제도가 적합하지 않다.

산업사회에는 지식재산권을 통해 그 권리를 보장하는 게 효율적이었지만, 인공지능 시대에는 지식재산권 보호가 장애 요인이 된다.

지식재산권을 포기함으로써 산업 발전을 가속화시킨 예는 수없이 많다. 유럽입자물리연구소의 팀 버너스-리(Tim Berners-Lee)는 자신이 개발한 월드와이드웹(World Wide Web)에 대해 지식재산권을 주장하지 않음으로써 인터넷 시대를 여는 데 지대한 공헌을 했다.

인공지능 시대에는 지식재산권을 보호하는 폐쇄적인 사고는 맞지 않다. 이는 오픈소스 자체가 갈수록 많아지는 추세에서도 확인할 수 있다.

오픈 소스인 구글의 안드로이드는 오픈 소프트웨어 OS인 리눅스 커널즈를 기반으로 하고 있다. 현재 안드로이드가 전 세계 스마트폰 시장의 70퍼센트를 자치할 수 있었던 것도 오픈소프트웨어이기 때문이다.

인공지능 시대에서의 정부의 역할을 논할 때 고려해야 할 분야 중의 하나가 인프라 문제다.

인공지능 시대를 앞서가기 위해서는 초고속 인터넷망, 대용량 서버, 슈퍼컴퓨터 등 하드웨어도 중요하지만, 플랫폼과 빅 데이터 등 소프트웨어를 공공재로 활용할 수 있는 제도를 만드는 것도 중요하다.

빅 데이터를 흔히 인공지능 시대의 '새로운 석유'라고 하는데, 빅 데이터가 일부 기업의 소유가 아니라 모두가 활용할 수 있는 공공재가 되어야 한다. 그러기 위해서는 개인 정보 보호를 비식별화 등의 문제 해결에 정부가 앞장서야 한다.

성공보다 행복한 삶이 우선인 사회를 만들자

국가 또는 정부가 해야 할 가장 중요한 임무는 무엇일까? 국가를 외부 침략으로부터 보호하고, 국민의 자유와 권리를 지켜주는 등 다양한 임무가 있겠지만, 이를 한마디로 요약하자면 국민을 행복하게 하는 것이다. 이제까지 국민을 행복하게 하는 중요한 정부 정책 중의 하나가 경제발전이라고 여겼다. 경제발전을 통해 국가의 부를 키우고, 국민들의 생활을 윤택하게 만드는 것이 정부의 당연한 역할로 생각했다.

경제발전이 중요한 정부의 목표였기 때문에 GNP(국민총생산) 또는 GDP(국내총생산)으로 표기되는 경제성장률이 국정 운영의 가장 큰 지표가 되어 왔다. 매년 발표되는 경제성장률이 높으면 정부가 일을 잘 한 것이고, 경제성장률이 낮으면 정부가 제대로 일을 하지 못했다고 평가받는 것이 당연한 일로 여긴다.

하지만 경제성장률이 높아지면 정말 국민이 행복해지는 것일까? 생존이 위협받을 정도로 낮은 경제 수준이라면 당연히 경제성장률을 높여서 국민 전체의 소득을 높이는 것이 국민을 행복하게 하는 일일 것이다. 하지만 생존을 걱정하지 않아도 될 정도의 경제 수준이 이르렀는데도 경제성장률에 목을 매는 것이 당연한 일일까?

지금까지 우리는 GDP 수치가 올라가면 행복도도 커질 것이라는 믿음, 즉 물질적으로 풍요해지면 더 여유롭고 행복한 삶을 살 수 있으리란 믿음으로 '경제 성장'을 외치며 열심히 달려왔다. 하지만 빈부 격차는 극대화하고 환경오염과 교육 문제를 비롯해 온갖 사회문제들이 일어났다.

그뿐만 아니라 GDP 자체에 우선순위를 두다 보니 갖가지 부작용이 생기고 있다.

몇 년 전에 태안 앞바다에 기름이 유출되었던 사고는 국가적인 재난이었다. 그러나 이 사고로 GDP가 오히려 올라갔다. 유출된 기름을 처리하기 위해 인력과 자재, 각종 장비 등이 투입되면서 경제활동이 발생했기 때문이다.

즉 유출된 기름에 의한 손해로 GDP가 감소하는 금액보다도 방제 약품의 소비, 유출된 기름을 제거하기 위한 작업을 하는 사람들의 인건비와 그들이 이용하는 교통수단의 비용 증가, 식사비와 숙박비, 오염을 처리한 폐기물의 처리 비용 등으로 GDP가 증가한 금액이 훨씬 크기 때문이다.

기름 유출 사고로 GDP는 증가했지만, 태안의 어민들뿐만이 아니라 전 국민은 오히려 불행해지는 모순이 일어난 것이다.

정부가 GDP 증가를 위해 애쓰는 이유는 바로 GDP가 증가하면 국민들이 행복해질 수 있을 거라는 믿고 있기 때문이다. 하지만 GDP 증가가 어느 정도까지는 인간의 행복에 기여하는 것은 맞지만, 의식주 문제가 해결되는 소득 분위 이상에서는 GDP가 행복에 크게 기여하지 않는다고 한다.

이러한 주장은 1974년에 경제학자 리처드 이스털린의 〈경제성장이 인간의 운명을 개선시키는가?(Does Economic Growth Improve the Human Lot?)〉라는 유명한 논문에서 제기되었다. 이스털린 패러독스(Easterlin Pardox)라고 불리는 조사결과는 1인당 연간 소득이 1만 5천 달러 이상이 되면 소득이 증가해도 행복도가 더 이상 증가하지 않는다는 것이다.

한국의 경우에도 한국갤럽 조사에 따르면 1인당 GDP가 약 3배 성장한 1992~2010년 사이 행복을 느끼는 국민은 10퍼센트나 줄었다고 한다(조선일보, 〈2011, 한국인이여 행복하라〉). 영국에서 나온 보고서에도 1974년 이후 1인당 실질적인 국내총생산은 2배 가까이 늘었는데 행복지수는 거의 높아지지 않은 것으로 나타났다.

이처럼 GDP가 증가하였는데도 불구하고 행복도가 떨어진 이유는 GDP를 증가시키기 위해 치열한 경쟁 속에서 살아야 하는 현실 때문이다.

2009년도에 발표된 영국 신경제재단(NEF)의 2006년 국가별 행복지수(HPI)보고서에 의하면 조사국가 143개 국가 중에서 행복지수 1위 국가는 1인당 국민소득이 6,500달러인 코스타리카였다.

그 뒤를 이어 도미니카공화국(2위), 자메이카(3위), 과테말라(4위) 등 중남미 9개 국가들이 상위 10위권에 위치해 있으며, 베트남이 5위, 그 외에 중국이 20위, 인도 35위, 네덜란드 43위, 독일 51위, 프랑스는 71위, 영국 74위, 한국의 경우 68위를 차지한 것으로 나타났다. 세계 최상위 부유 국가인 미국은 114위로 콩고(112위), 나이지리아(115위)와 비슷한 행복지수를 나타냈다.

가난하지만 행복한 나라로 알려진 부탄은 1인당 국민소득은 2000년대

초반 수백 달러에서 최근 5,000달러대로 급성장했지만 오히려 행복지수는 세계 8위에서 17위로 떨어졌다.

부탄이 국민소득이 올라갔는데, 오히려 행복지수가 떨어진 이유는 국민소득 증가로 텔레비전이 보급되었고, 텔레비전에 나오는 대도시 부자들의 삶의 형태를 보면서 농촌의 가난한 자신들의 삶과 비교하기 시작했기 때문이라고 한다. 아무튼 행복을 지수로 나타낸 것 자체가 모순이긴 하지만 이 자료는 행복도가 국민소득에 비례해서 증가하지 않는다는 사실만은 분명하게 보여주고 있다.

부자 국가들에 비해 가난한 국가들이 더 행복지수가 높다는 사실을 가난한 사람들의 무지가 빚은 결과라고 폄하하는 경우도 있다. 하지만 한국의 경우에 이미 국민소득 3만 달러에 도달했고, 인공지능 시대가 도래하는 이 시점에서 행복에 대해 다시 한 번 더 생각해볼 필요가 분명히 있다.

한국의 경우에는 이스털린 패러독스의 소득수준인 1만5천 달러를 크게 넘어섰기 때문에 경제성장을 통해 국민의 행복을 증진하겠다는 정부 정책은 이제 재고해야 한다.

한국은 아직도 성장이냐 분배냐 하는 논쟁에서 자유롭지 못한 상황이다. 하지만 이제는 성장이냐 분배냐 하는 이분법적인 논쟁을 떠나서 국민의 행복이라는 측면에서 이 문제를 들여다볼 필요가 있다.

문재인 정부도 경제정책 방향을 일자리와 소득 주도 성장, 혁신 성장, 그리고 공정 경제라는 세 개의 축으로 추진할 것이라고 밝혔다. 성장과 분배를 이분법적으로 보지 않고 상호 양립할 수 있도록 병행 추진하는 '포용적 성장'을 추진하겠다는 것이다. 하지만 포용적 성장을 추진하기 위해서는 기존의 산업사회의 패러다임을 버리고 인공지능 시대의 패러다임으로 문제를 바라봐야 한다.

국민 행복과 관련된 인공지능 시대의 패러다임은 크게 두 가지를 들 수 있다.

첫 번째는 산업사회 후기로 들어서면서 득세하기 시작한 주주 자본주의, 즉 신자유주의에 의해 커지고 있는 빈부격차의 문제가 인공지능 시대에는 더욱 커질 가능성이 크다는 점이다.

인공지능 기술을 개발하기 위해서는 자본이 필요하기 때문에, 결국 인공지능의 주인은 자본가가 되며, 그 피해는 고스란히 근로자들에게 돌아가게 된다. 따라서 자본가와 근로자 계층으로 양극화되기 시작한 현상이 인공지능 시대에는 더욱 확대될 가능성이 크다. 이는 인공지능에 의해 근로자들이 일자리를 잃게 되고, 인건비 절감의 혜택을 자본가들이 독차지하게 내버려 뒀을 때 나타나는 문제다.

따라서 정부는 인공지능의 혜택을 자본가가 독차지할 수 없도록 제도적 장치를 마련해야 한다. 이 조치에 대해 자본가들이 반발하겠지만, 인공지능이 단순히 자본 투자에 의해서만 만들어지는 게 아니라, 다양한 사회적 인프라 덕분이라는 사실을 인식시키면서 설득할 필요가 있다.

나아가 근로자들에게 생존권을 보장할 정도의 소득을 보장해야 지속가능한 사회가 되면서 자본가들도 수요 확보에 의해 이득을 볼 수 있다. 이런 소득 주도 성장이 선순환 구조를 갖도록 정부 정책이 마련되어야 모든 국민이 행복해질 수 있다.

국민 행복을 위한 정부 정책을 마련할 때 고려해야 할 중요한 포인트는 플랫폼 일자리의 출현에 대한 대책 마련이다.

인공지능 시대에 출현한 대표적인 비즈니스 모델인 플랫폼은 정규직 일자리를 줄이고, 대신에 비정규직 플랫폼 일자리를 늘리고 있다. 플랫폼 일자리는 배달앱 일자리부터 차량 공유 업체 우버 일자리에 이르기까지 다양한 형태로 이미 한국에 등장하기 시작했다.

문제는 이런 플랫폼 일자리가 전문 영역까지 확산되지 못하고 운전 등 단순 기능 일자리에 집중되어 있다는 점이다. 플랫폼 일자리는 원하는 시간에 원하는 형태로 일할 수 있는 여건을 마련해 준다는 장점이 있는 반면에, 불안정한 소득으로 인해 고용주가 원하면 언제든지 일해야 하는 현대판 노예 신세로 전락할 수 있다는 단점이 있다.

더욱이 플랫폼 노동자들은 정규직 노동자 보호를 위한 제도인 노동조합의 보호도 받을 수 없는 상황에 놓이기 때문에 자칫 기업가들의 무한 착취에 노출될 우려가 있다. 따라서 정부는 인공지능 시대에 대세를 형성할 플랫폼 노동자들을 보호하기 위한 별도의 대책을 마련해야 한다.

산업사회에서처럼 플랫폼 노동자들에게 노동조합 등 법적 보호 장치를 제공하려고 해도 그들이 파편화되어 있어서 조직하기가 어렵다는 문제점이 있다. 플랫폼 노동자들이 최소 생계를 유지하면서 안정을 찾을 수 있게 기본소득제도를 실시하는 것도 한 가지 좋은 방법이다.

이상적인 방향은 전문직이 플랫폼 노동자의 대세를 이루면서 높은 수입도 올리고 자유로운 여건에서 창의적인 일을 하면서 삶과 일의 균형을 찾도록 하는 것이다.

플랫폼 일자리에 대한 정책을 마련할 때에는 플랫폼 비즈니스가 인공지능 시대의 트렌드이긴 하지만, 비용을 외부화하여 자본이 이익을 챙기고 있다는 사실을 고려해야 한다.

플랫폼 노동자들에게 고정된 급여, 복지, 승진 등을 제공하지 않으면서 생기는 이득을 모두 플랫폼 기업, 즉 자본이 챙기고 있기 때문에 이를 해소

할 수 있는 방안을 마련해야 한다. 이런 맥락에서 대런 애스모글루와 제임스 A. 로빈슨이 2012년에 쓴 『국가는 왜 실패하는가』에서 언급한 "경제적 약자를 포함해 모두를 끌어안는 포용적 제도를 가진 나라는 발전과 번영을 이루고, 경제적 강자만을 위한 착취적 제도를 가진 나라는 빈곤에 이르고 실패한다."라는 주장이 타당성을 갖는다.

대한민국의 헌법 119조 2항에 나와 있는 '국가는 균형 있는 국민경제 성장과 적정한 소득 분배, 시장 지배와 경제력 남용 방지, 경제 주체 간의 조화를 통한 경제민주화를 위해 경제에 관한 규제와 조정을 할 수 있다.' 도 같은 의미를 담고 있다.

국민 행복과 관련된 인공지능 시대의 패러다임의 두 번째는 '공유와 상생' 이다. 반면에 신자유주의, 주주 자본주의의 패러다임은 '소유와 경쟁'이다.

과학적 가설인 진화론이 자본주의 체제에서 각광을 받는 이유도 바로 소유와 경쟁의 자본주의 패러다임에 과학적 근거를 제공하고 있기 때문이다. 인류가 생존을 걱정하는 수준이었던 산업사회 초기에는 공유와 상생보다는 소유와 경쟁이 인류에게 훨씬 더 효율적인 패러다임이었다. 즉 소유와 경쟁의 논리로 경제성장을 이룩하여 인류 전체의 부를 늘리는 것이 합리적인 선택이었다.

정부의 입장에서도 한정된 자원을 국민 모두에게 조금씩 나누는 것보다는 생산적인 부분에 투자하여 국가의 부를 늘리는 것이 장기적으로는 더 유리했다. 한정된 자원을 국민에게 나누어주면 밑 빠진 독에 물 붓기가 되지만, 생산적인 부분에 투자를 하면 결국 늘어난 부가 국민들에게 배분되는 선순환구조를 이루게 되면서 국민들에게도 이익이 되기 때문이다.

하지만 부가 생존의 차원이 아니라, 과시의 수단으로 전락한 현시대에도 소유와 경쟁의 패러다임이 지속하여야 하는지에 대해서는 심도 있게 생각해봐야 한다. 소유와 경쟁의 패러다임이 지속되면 인공지능이 부자들의 부를 늘리는 수단으로 전락하고, 일반 국민들의 행복은 점점 더 낮아지는 결과를 낳게 된다.

인공지능이 일부 부자들, 즉 자본가들의 부를 늘리게 되더라도 과거와 같이 일반 국민들에게 일부의 부가 흘러가는 낙수효과도 점점 더 없어진다는 점도 우려되는 부분이다.

부자들이 점점 더 부자가 되어 그 자본을 인공지능에 더 투자하더라도 일자리가 늘어나지 않으면서 낙수효과는 기대할 수가 없다. 따라서 기업, 즉 자본에 유리한 환경을 만들어 경제성장을 이룩해야만 한다는 자본주의 성장론자들의 이론은 인공지능 시대에는 더 이상 통하지 않는다.

산업사회의 경제성장 논리는 인공지능 시대의 공유와 상생 패러다임과 어울리기 힘들다. 공유와 상생은 불필요한 생산과 소비 활동을 줄이기 때문에 경제는 성장하지 않고 오히려 줄어들게 된다. 하지만 넓게 생각해보면 생산과 소비를 줄이면서도 인간생활이 오히려 풍족해진다면 그보다 더 바람직한 일이 어디 있겠는가.

자율주행자동차가 등장하여 현재보다 자동차 수가 절반 이하로 줄어들지만, 이동을 하는 데는 전혀 불편이 없고 오히려 더 편리해진다면 좋은 일일 것이다. 반면에 자본가들이나 경제성장의 패러다임에 사로잡힌 정부에서는 자동차 시장이 줄어든다고 걱정할 것이다.

인공지능 시대의 공유와 상생의 패러다임은 결국 한계비용을 떨어뜨리면서 일반 국민들의 삶의 질을 높이는 좋은 기회가 된다. 기업과 자본가들이 한계비용이 떨어지는 효과를 부당하게 가로채지 않는다는 전제하에서 성립할 수 있다.

기업과 자본가의 입장에서는 한계비용이 떨어지는 효과를 독차지하려고 할 것이기 때문에 이를 막기 위해서는 정부의 역할이 중요하다.

공유와 상생의 패러다임이 제대로 작동하고, 한계비용 제로 효과가 골고루 분배된다면 생존을 걱정하지 않으면서 즐겁게 일하는 이상적인 인간의 삶이 실현될 수 있다. 인공지능 시대가 되면서 인공지능에게 일자리를 뺏긴 인간이 불행해질 것이라고 걱정하지만, 실제로는 인간이 인간답게 살 수 있는 좋은 기회라고 바꿔 생각해야 한다.

이런 측면에서 보면 한국인들은 유럽인들에 비해 불리한 입장에 있는 게 사실이다.

어떤 조사결과에 따르면 한국인들은 중산층의 기준으로 '빚 없이 30평 이상의 아파트에 살고, 월급이 500만 원 이상이고, 예금 잔고가 1억 원 이상이고, 배기량 2000CC 급의 중형 자동차를 소유하고. 1년에 한 차례 이상 해외여행을 다닐 것' 등의 조건을 갖춰야 한다고 답했다.

반면에 프랑스의 조르주 퐁피두 전 대통령이 제시한 중산층의 기준은 '외국어를 하나 정도 할 수 있어야 하고, 직접 즐기는 스포츠가 있고, 악기를 하나 정도는 다룰 줄 알아야 하고, 또 맛있는 요리를 할 수 있어야 하고, '불의'에 분노하고 저항할 줄 알며, 약자를 도우며 봉사활동을 꾸준히 해야 한다'는 것이다.

만약 한국인들이 퐁피두 전 대통령이 제시한 중산층의 기준으로 바꾼다면 인공지능 시대가 바로 그 조건을 만족시켜줄 좋은 기회를 제공할 것이다.

기본소득 정책이 기본이다

인공지능 시대가 새로운 일자리를 창출하겠지만, 그렇다고 일자리 문제가 금방 해결되는 것은 아니다. 새로운 일자리는 플랫폼 일자리 또는 '긱 이코노미'로 불리는 프리 에이전트 형태의 임시직 일자리가 대세를 이룰 것으로 보인다. 플랫폼 일자리가 늘어나면 수입이 들쑥날쑥하게 되고 그에 따라 생존에 대한 불안감이 커진다.

인공지능 시대가 본격화하면서 생기는 생존권 위협을 감소시키기 위한 대책으로 기존의 복지제도는 한계가 있다. 기존의 복지제도는 산업사회의 정규직 전일제 일자리에 맞춰 만들어진 제도이기 때문이다.

기존 산업사회의 복지제도에서 실업자에 대한 보조는 실업이 예외적으로 가끔 발생한다는 전제에서 출발한다. 일하고 있는 동안 보험료를 납부했다가 예기치 않게 실업 상태가 되면 보조를 해주는 식이다.

하지만 인공지능 시대에서는 실업이 예외적인 상황이 아니라 일상적으로 발생하는 일이고, 어찌 보면 항상 반실업상태에 있다고 볼 수 있다. 현재의 실업 관련 복지제도는 인공지능 시대에 전혀 맞지 않는다. 또한 생활비 보조금 제도는 사회적 약자 계층을 대상으로 한 시혜적인 제도이기 때문에 인공지능 시대의 불안정한 일자리에 대한 대책이 될 수 없다. 물론 저소득층을 위한 보조금 지급 제도가 있긴 하지만, 이 또한 항상 반실업 상태인 인공지능 시대의 일자리에 대한 대책으로는 적합하지 않다.

인공지능 시대의 불안정한 일자리에 대한 가장 이상적인 대책으로 떠오르고 있는 것이 기본소득 제도다. 기본소득은 모든 사회 구성원 혹은 거주자 개인에게, 유급 일자리에 취업하고자 하는 의지 여부와 관계없이, 가난하든 부유하든 따지지 않고, 또 가족이라는 단위가 아닌 개별 구성원 각자에게 국가에서 지급하는 것이다. 즉 기존 복지제도가 소득, 나이, 질병 유무, 실업상태 여부 등 여러 조건을 따지는 데 반해, 기본소득 제도는 시민권(혹은 공인된 거주권) 이상의 조건을 요구하지 않는다. 기본소득은 사회 구성원 각자의 기초적 생존을 보장함으로써 인공지능 시대의 일자리 불안정에 대한 확실한 대책이 될 것으로 보인다. 이처럼 기본소득이 인공지능 시대의 불안정한 일자리 대책으로 떠오르자 세계 여러 나라에서 기본소득에 대해 관심을 갖기 시작했으며, 실제로 시범 시행하는 경우가 늘고 있다.

아프리카 나미비아의 기본소득 실험에서는 빈곤율과 실업률이 감소한다는 결과가 나왔고, 인도의 실험에서는 기본소득이 극빈층의 삶을 바꿈으로써 사회구조적인 불평등 해소에 효과적인 사회보장 수단이라는 고무적인 결과가 나왔다.

2000년에 모든 거주자에게 총 2,000달러의 기본소득을 제공하고 있는 미국의 알래스카주는 원래 미국에서 빈곤 인구가 가장 많았으나, 지금은 불평등을 나타내는 지수인 지니계수가 가장 낮은 주로 손꼽힌다.

나미비아, 인도, 알래스카 등이 비교적 가난한 시민들을 대상으로 기본소득을 시험하거나 시행하고 있는 데 반해, 핀란드, 스위스, 캐나다, 뉴질랜드, 네덜란드 등 선진국 여러 정부가 기본소득제도를 시험적으로 시행하고 있거나 아니면 이 제도의 도입 가능성을 공개적으로 논의 중이다.

2007년 초 기준으로 독일, 아르헨티나, 오스트리아, 브라질, 미국, 영국, 스페인, 스위스, 아일랜드, 네덜란드, 호주 그리고 덴마크 등 네 개 대륙에 열두 개 국가들이 공식적인 기본소득유럽네트워크(Basic Income European Network, BIEN)를 구성했다.

2017년 프랑스의 사회당 대선 후보 경선에서 1위를 차지한 브루아 아몽 후보도 기본소득제도를 공약으로 제시했다. 아몽 후보는 2018년부터 18~25세의 모든 청년들과 실업자들에게 월 600유로(약 75만 원)를 기본소득으로 지급하고 단계적으로 전 국민에게 매월 700유로를 지급하겠다고 밝혔다. 물론 아몽 후보는 대통령에 당선되지 못해 그의 기본소득 공약은 실현되지 못했다.

핀란드 정부는 2017년 1월부터 2년간 실업자 2000명을 대상으로 매달 기본소득 72만 원을 주는 실험을 시행하고 있다. 이 실험은 세계 첫 중앙정부 차원의 기본소득 실험이긴 하지만, 2019년부터 전 국민에게 확대될지는 아직 확정되지 않은 상태다. 이 실험은 한때 실패로 끝났다는 보도가 나가면서 화제를 불러일으키기도 했지만, 핀란드 정부에서는 아직 실험 결과에 대한 분석이 끝나지 않아 실험 결과가 실패라고 단정 짓는 것은 곤란하다는 입장을 내놓았다.

한국에서도 2016년 6월 한국사회연구소에서 전국 성인 남녀 700명을 대상으로 실시한 '기본소득 정책 도입' 여론조사에서 무려 47퍼센트가 공감한다는 놀라운 결과가 나와 이목을 끌었다. 이런 분위기에 힘입어 정치권을 중심으로 기본소득에 대한 논쟁이 가열되고 있다.

기본소득에 대해서는 날로 심각해지는 부의 양극화 현상을 해결할 수 있는 좋은 방법이라는 주장과 표를 의식한 정치인들의 포퓰리즘이라는 상반된 두 개의 주장이 대립하고 있다. 서울시와 성남시 등 일부 진보 지자체장들의 청년수당 도입으로 촉발된 기본소득 논쟁은 몇 년 전 치러진 스위스의 기본소득 찬반 국민투표를 연상하게 한다.

기본소득에 대한 논쟁의 주제는 아래처럼 크게 세 가지 범주로 나눌 수 있다.

첫째는 이 시점에서 왜 기본소득의 필요성이 대두되고 있는가? 즉 기존 복지 제도가 있는데도 불구하고 기본소득이라는 새로운 제도를 시행할 필요가 있는가?

둘째는 기본소득이라는 개념 자체가 정당한 것인가?

셋째로는 기본소득을 시행하려면 막대한 예산이 들어가는데 이를 어떻게 감당할 것인가? 즉 기본소득의 개념이 옳다고 하더라도 실현 가능성이 있는가?

우선 첫 번째 논쟁의 주제인 '이 시점에서 왜 기본소득의 필요성이 대두되고 있는가?'에 대해 살펴보자.

가장 큰 이유는 한국뿐만 아니라 대부분의 자본주의 국가에서 빈부격차가 날로 심해지고 있기 때문이다. 부유층은 점점 더 부유해지는 데 반해, 극빈층은 생계를 걱정해야 할 정도로 점점 더 가난해지고 있다. 자동화, 더 나아가 인공지능 등 기술의 발전으로 소득 하위층의 노동 기회가 줄어들면서 날이 갈수록 빈부격차가 점점 더 심해질 가능성이 높다.

빈부격차를 줄이기 위해 정부에서 선별적 복지정책을 펼치고 있지만, 역부족일 뿐만 아니라 여러 문제를 야기하고 있다. 가령 보조금을 받기 위해서는 자신의 빈곤을 증명해야 하기 때문에 모욕감을 주며, 일정 수준 이상의 소득을 벌면 복지급여를 받지 못하기 때문에 노동 의욕을 낮추게 된다.

또한 수급자 선별을 위해서는 많은 행정 비용이 들고, 수급자 선별을 제대로 하지 못하는 경우가 발생하기도 한다. 몇 년 전 발생한 '송파 세 모녀 사건'이나 연락도 닿지 않는 자식이 있다는 이유만으로 대상에서 제외되는 홀로 사는 노인들의 억울한 경우가 그 대표적인 예다.

두 번째로 기본소득의 정당성에 대해서 살펴보자. 기업이나 개인이 소득을 올릴 때는 자본, 노동 등이 필요하지만, 그 외에도 사회적 자원들이 필요하다. 현재의 제도는 자본에 대해 가장 큰 혜택을 주고, 노동과 사회적 자원의 비중을 점점 더 낮추고 있다.

기업이 영리활동을 하면서 환경을 악화시키거나, 도로·항만 등 사회간접자본을 이용하는 비용을 간과하는 경우가 늘어나고 있다.

이런 현상은 주주 자본주의가 득세하면서 점점 더 심화하고 있다. 하지만 환경이나 사회간접자본은 사회 구성원 모두에게 속하는 것이기 때문에 그것들을 이용해 돈을 버는 기업이 그에 대해 대가를 치르는 것이 마땅하다. 즉 기업에 노동을 제공한 사람들은 당연히 기업으로부터 일부 수익을 돌려받아야 하지만, 노동을 제공하지 못하는 사람들도 사회적 자원에 대한 대가를 돌려받을 권리가 있다.

정부는 자본에 부당하게 쏠리는 이익을 다른 기여자들에게 돌리기 위해 기업의 세금 부담을 늘려서라도 기본 소득을 시행하여야 한다. 물론 기본소득을 제공하기 위해서는 기업의 세금 부담이 늘겠지만, 그에 못지않게 기업에 돌아가는 혜택도 크다. 빈부격차가 심해지면, 저소득층의 소득 감소에 의해 수요가 줄어들게 되는데, 기본소득이 저소득층의 수요를 증가시키는 역할도 할 것이다.

세 번째로 기본소득 제도의 실현 가능성에 대해서도 살펴보자. 기본소득은 전 국민을 대상으로 시행하기 때문에 천문학적인 돈이 들어가서 실현 불가능하다는 주장이 있다. 하지만 관점을 조금 바꾸면 충분히 실현 가능한 방법을 찾아낼 수 있다. 모든 국민에게 지급되는 금액만큼 소득과 재산에 대해 증세를 하면 된다.

기본소득 지급금액이 50만 원이라면, 평균 소득자는 50만 원만큼 세금을 더 내고, 그보다 상위 소득자는 추가 세금을 내면 된다. 이 경우 하위 소득자는 추가 수입이 생기지만, 평균 소득자는 전체 소득에 변함이 없고, 상위 소득자만 세금을 조금 더 부담하게 된다. 재산세에 대해서도 같은 원리를 적용하면 평균 정도의 재산가는 추가로 낸 세금만큼 기본소득으로 받게 되어 전체적으로 부담이 없게 된다.

또한 기본소득을 시행하면 선별적 복지제도를 시행할 때에 비해 행정비용이 줄어들기 때문에 추가 재원을 확보할 수 있다. 더 나아가 저소득층이 취업을 하여 추가 소득이 생기더라도 세금을 내고 그만큼 기본소득으로 돌려받기 때문에 선별적 복지제도의 단점인 근로의욕 저하 문제도 해결될 수 있다.

선대인이 『일의 미래』에서 제시한, 국가가 많은 기업들의 지분을 확보해 이 지분을 한데 섞은 거대한 기금 풀을 만들어 일정한 연령에 도달한 사람들에게 지분을 조금씩 나눠주는 방법도 생각해볼만 하다. 또 빌 게이츠가 제안한 로봇세 도입도 고려해볼만 한 방안이다. 빌 게이츠는 로봇세를 도입해 로봇 도입으로 일자리가 대체되는 속도를 줄이는 한편 로봇에도 노동자에게 부과하는 정도의 세금을 붙여 노동자를 재훈련하는 예산으로 쓰자고 제안하고 있다.

모든 국민에게 아무 조건 없이 기본소득을 제공하면 수혜자들이 이를 남용하거나 비생산적으로 쓸 것이라고 걱정하고, 더 나아가 수혜자들의 의존성이 커져서 일할 의욕을 잃고 국가에 기대서 살아가기를 바랄 수도 있다는 반론도 있다. 하지만 현재까지 시행되었던 모든 기본소득 실험에서는 사람들이 자신이 받은 현금을 절대 헛되이 낭비하지 않는다는 사실이 밝혀졌다.

인도에서 6,000명 이상의 남자와 여자, 아이들에게 18개월 동안 기본소득을 지급하고 그렇지 않은 집단과 비교해 무슨 일이 일어나는지 조사했다. 또 이와 유사한 실험이 미국, 캐나다, 여러 유럽 국가들에서도 실시됐다.

이 실험에 참여한 사람들은 기본소득으로 안정감을 느꼈고, 그런 안정감이 더 열심히 일해야겠다는 결심을 이끌어냈으며 자연히 생산성도 더 높아졌다. 더불어 타인을 대하는 태도가 전보다 부드러워지고 자원봉사 활동도 더 많이 하는 경향을 보였다.

기본소득의 또 다른 효과로는 노동자의 협상 능력을 강화해 착취에 대해 저항할 수 있는 힘을 향상한다는 점을 들 수 있다. 기본소득은 노동력을 탈상품화시키면서, 노동자의 협상력을 높여줄 것이다. 노동자에게 생계를 유지할 수 있는 기본소득이 지급될 경우에는 고용주들이 그들에게 임시직 일을 제시하면서 '하든가 말든가' 식의 태도를 보이기 힘들 것이다.

현재 친기업 경제성장론자들이 주장하는 노동의 유연성은 고용주에게만 일방적으로 유리한 제도다. 만일 노동자가 경제적인 필요성 때문에, 특히 생존을 위해 어쩔 수 없이 불리한 조건에도 불구하고 일자리를 잡아야 한다면, 그건 유연성보다는 착취에 더 가깝다고 봐야 한다.

기본소득 제도는 고용주와 노동자가 비교적 동등한 위치에서 협상할 수 있는 여건을 마련해 줌으로써 인공지능 시대의 일자리 문제 해결에 어느 정도 도움을 줄 수 있다. 기본소득의 효과는 남녀평등 문제에 가장 큰 이슈 중의 한 가지인 가사노동의 소득 인정 문제 해결에도 도움을 준다. 기본소득은 가족 단위가 아니라 개인에게 개별 지급되기 때문에 가사노동을 하는 주부들도 개별적으로 혜택을 보게 된다.

따라서 임금 노동을 하는 가장의 수입에 의존하는 주부의 경우에는 남자 가장에게 종속될 수 있지만, 기본소득을 받게 되면 기초적인 생계가 해결되기 때문에 제 목소리를 낼 수 있게 된다.

하지만 기본소득의 가장 큰 효과는 삶과 일의 균형을 찾으면서 일을 할 수 있다는 점이다. 인공지능 시대를 맞아 기본소득 제도가 정착된다면, 궁극적으로는 반복적이고 지루한 일은 인공지능에게 맡기고, 인간은 창의적이고 재미있고 삶의 가치를 더해주는 일을 골라 할 수 있는 이상적인 사회가 될 수 있다. 고대 그리스 시민들이 노동을 노예들에게 맡기고, 예술과 교육, 사회와 정치 참여에 몰두했듯이 말이다. 고대 그리스 시대에는 노동을 노예에게 맡김으로써 현대 기준으로 보면 인권 침해를 했지만, 인공지능 시대에는 노동을 인공지능에게 맡길 수 있기 때문에 그야말로 이상적인 사회가 되는 것이다. 물론 이런 이상적인 사회는 기본소득으로 모든 인간의 생존 걱정이 없어진다는 전제 조건에서 성립한다.

직장인의 창업이 쉬운 환경을 만들어야 한다

미국 쇠망론이 줄기차게 제기되는 와중에도 아직까지 미국이 건재한 이유는 애플, 구글, 페이스북 등 인공지능 시대에 맞는 기업이 계속 등장하고 있기 때문이다. 산업사회의 기반인 제조업은 일본, 독일, 중국, 한국 등에게 넘겼지만, 인공지능 시대의 새로운 기업들이 잇달아 창업하면서 미국은 세계 경제를 이끌어가는 위상을 계속 유지하고 있다.

물론 미국이 아직도 세계 최강의 경제 선진국 지위를 유지하고 있는 데에는 세계 최강의 군사력, 달러 체제 등의 공헌도 무시할 수 없지만, 새로운 형태의 아이디어 창업이 큰 역할을 하고 있는 것만은 틀림없다.

저성장 모드에 들어선 미국뿐만 아니라 다른 선진국들도 새로운 성장 동력으로 창업을 적극적으로 지원하고 있다.

오바마 전 미국 대통령은 '창업국가 미국'을 국가 비전으로 제시했으며,

유럽연합은 벤처창업 및 창업활성화 등 10대 강령을 추진하고 있다. 이들 선진국들이 추진하고 있는 창업은 한국처럼 일자리를 잃고 생계를 위해 하는 창업이 아니라, 혁신적이고 창의적인 아이디어에 기반한 기술 창업이 주를 이루고 있다.

한국의 경우에도 저성장 고착화를 우려하는 목소리가 점점 더 커지고 있다. 삼성전자와 현대자동차로 대표되는 한국의 재벌기업들이 한국 경제 성장을 이끌고 있지만, 중국을 비롯한 개발도상국들의 추격을 언제까지 따돌릴 수 있을지 장담할 수 없다. 문제는 현재의 대기업 위주의 성장 정책으로는 한국의 저성장 프레임을 깨는 데 한계가 있다는 사실이다.

한국의 저성장 프레임을 깨기 위해서는 미국의 애플, 구글, 페이스북 같은 인공지능 시대에 맞는 새로운 기업들의 창업이 절실하다.

한국에서 창의적인 아이디어에 기반을 둔 기술 창업이 활발하지 못 하다는 사실은 숫자로도 나타난다. 국제 연구기관인 '글로벌 기업가정신 모니터(GEM, Global Entrepreneurship Monitor)'가 발표한 〈2016~2017년 보고서〉를 보면 한국의 초기 창업 활동 비율, 즉 창업한 지 3년 6개월이 안 된 기업의 비율은 6.7퍼센트로 조사 대상국 64개 중 52위로 하위권인 것으로 나타났다. 한국의 청년 창업은 더 저조해서, 15~24세 청년들의 초기 창업 활동 비율은 1.8퍼센트로 62위, 25~34세도 4.7퍼센트로 62위로 최하위권이었다.

더욱 큰 문제는 이처럼 낮은 비율의 창업마저도 대부분 생계형 서비스업에 몰려 있다는 점이다. 청년들의 창의적이고 혁신적인 기술과 아이디어에 기반에 둔 적극적인 창업이 아니라 취업난을 피해 어쩔 수 없이 밀려서 창업한 것이 문제라는 것이다.

'학여역수행주 부진즉퇴(學如逆水行舟 不進則退)'라는 말이 있다. '배움이란 흐르는 강물을 거슬러 배를 타는 것과 같아서 앞으로 나가지 못하면 뒤로 밀린다.'는 의미다. 국가 경제도 마찬가지다. 창업에 의해 새로운 기업들이 지속적으로 나타나지 않으면 결국 국가 경제는 뒤로 밀리게 되어 있다. 한국의 현재 상황이 바로 이런 '부진즉퇴'의 상황이다. 청년들이 안정적이라는 이유만으로 공무원이 되고 싶어서 고시 낭인이 되고, 급여가 많다는 이유만으로 대기업 취업을 원하는 한국의 현재 상황이 한국경제의 앞날을 어둡게 만들고 있다.

한국경제의 초고속 성장이 삼성과 현대 등 기업들의 도전적인 창업정신에 의해 이뤄졌다는 사실을 한국 국민들은 잊어가고 있다. 특히 도전적인 창업정신의 가치를 잊은 한국의 부모들은 자녀들이 창업에 나서는 것을 적극 만류하고 있다.

한국의 부모들이 자녀들의 창업을 적극 말리고, 청년들도 창업에 적극적으로 나서지 않는 가장 큰 이유로 한국의 실패를 용인하지 않는 문화와 제도를 들 수 있다.

창업 선진국들이 창업 후 실패에 대해 너그럽고, 오히려 큰 자산으로 생각하는 반면, 한국에서는 창업 후 단 한 번 실패가 영원한 인생 실패로 귀결이 되고 있다. 하지만 실패는 창업 후 어쩌면 당연한 겪어야 하는 과정이라고 볼 수 있다.

한 조사에 따르면 창업 1년 이내에 파산하는 비율이 18.5퍼센트 정도이며, 3년 이내에 파산하는 경우도 거의 절반에 가까운 46.9퍼센트에 달했다. 반면에 2006년 하버드 대학교의 연구에 의하면 이전에 실패한 경험이 있는 창업자가 그다음에 성공할 확률은 거의 다섯 명 중 한 명꼴로 나타났다. 이 확률은 처음 창업한 사람보다 높고, 이전에 성공한 적이 있는 창업자에 뒤지지 않는 수치다.

이런 수치를 떠나서 실패는 창업에 필요한 아주 소중한 자산이다. 브라리스 코트나이의 말처럼 "실패란 내 안의 천재적 재능을 내가 한 번도 가보지 않은, 내가 못 가본 처녀지로 과감하게 내보내는 일"이다.

창업 강국으로 떠오르고 있는 중국에서는 적어도 세 번까지는 실패를 용인하고 계속 도전할 수 있는 여건이 마련되어 있다. 또 다른 창업 강국인 이스라엘도 실패에 관대하다. 반면에 한국에서 단 한 번의 창업 실패에도 재기의 기회를 갖지 못하고 있는데, 가장 큰 이유는 창업 기반이 자본 위주이기 때문이다.

한국에서 겉으로는 기술 기반으로 창업을 시도한다고 하더라도, 결국에는 그 기술을 실현하기 위한 자금을 모으기 위해 창업자가 보증을 서야만 하는 처지에 몰린다. 은행 대출처럼 연대 보증을 설 필요가 없는 벤처 투자를 통해 자금을 조달하려고 해도 창업 초기에는 불가능하다. 그나마 연대 보증의 부작용을 심각하게 인식한 정부에서 연대 보증 폐지를 추진하고 있어서 다행이다.

미국 등 창업 강국의 벤처 투자가 초기에 이루어지는 반면, 한국에서는 어느 정도 사업이 진행되어 수년 내에 자금을 회수할 수 있다는 확신이 들어야만 벤처 투자가 이루어진다. 한국에서의 벤처 투자는 위험하지만 성공하면 대박 나는 그야말로 벤처 투자가 아니라, 사채놀이에 불과한 형편이다.

다행스럽게도 인공지능 시대가 되면 자본 위주의 창업이 아닌 기술 기반 창업이 가능하다. 즉 자본이 없더라도 기술과 창의적인 아이디어가 있으면 창업이 가능하다.

산업사회에서는 일자리를 선택할 때 창업인지 취업인지 확실히 구분되었지만, 인공지능 시대에는 긱 워크처럼 창업인지 취업인지 확실히 구분할 수 없는 중간 형태인 일자리들이 많이 생겨난다. 긱 워크를 취업 관점에서 바라보면 불안정한 임시직 일자리지만, 창업 관점에서 바라보면 원하는 시간에, 원하는 방법으로 일하면서 수입도 올릴 수 있는 괜찮은 일자리가 된다.

긱 워크가 창업의 관점에서 좋은 일자리라고 판단되는 또 다른 이유는 큰 자본이 들지 않는다는 점이다. 대부분의 긱 워크의 경우에는 인터넷이 연결된 컴퓨터 정도가 필수 자본이다. 나머지는 아이디어, 기술, 인맥 등 개인적인 능력이면 충분하다.

플랫폼 일자리가 플랫폼 기업들이 인프라를 제공한 덕분에 만들어지듯이, 정부도 창업을 활성화하기 위해서는 창업에 필요한 인프라를 제공하여야 한다.

산업사회에서 정부가 기업의 창업을 돕기 위해서 제공했던 인프라로는 자본 공급을 위한 금융 인프라, 필요한 인력 제공을 위한 교육 인프라, 제조를 돕기 위한 산업단지의 조성, 유통을 돕기 위한 교통망의 확충 등을 들 수 있다.

하지만 인공지능 시대에는 직장인의 창업을 돕기 위한 인프라가 달라져야 한다. 플랫폼에 필요한 콘텐츠를 개발하기 위해서 활용할 수 있는 공공 빅 데이터의 제공, 새로운 기술을 배울 수 있는 재교육 시스템의 구축, 들쑥날쑥한 수입을 보완하기 위한 기본소득의 제공 등이 정부가 해야 할 역할이다.

창업에 필요한 자본을 조달하기 위해서 성공한 기업가들이 투자자로 변신할 수 있는 제도적 뒷받침도 생각해볼 수 있다.

산업사회처럼 창업된 기업이 계속 커져서 대기업 군으로 성장하는 것도 목표가 될 수 있지만, 성공한 기업가가 다른 사람의 창업을 도울 수 있는 체제를 갖추는 것도 중요하다.

성공한 기업가는 자본도 갖고 있으면서, 사업 가능성을 판단할 수 있는 능력도 갖고 있기 때문이다. 성공한 기업가는 유망한 창업 기업에 투자하여 수익을 올릴 수 있으면서 보람도 느낄 수 있다. 창업가는 성공한 기업가의 노하우와 자본의 도움을 받아 성공확률을 높일 수 있는 장점이 있다.

이처럼 다양한 방법을 동원해 정부가 창업을 쉽게 할 수 있는 체제를 만든다면 삶을 풍요롭게 할 수 있는 일자리들이 많이 만들어질 수 있다.

하지만 정부가 창업을 장려하기 위한 정책을 마련할 때 주의해야 할 점은 자금 지원 등 직접적인 지원보다는 아이디어를 시제품으로 쉽게 만들어볼 수 있도록 하는 인프라 구축 등 간접적인 지원이 바람직하다는 점이다.

앞에서도 언급했듯이 일반인들이 쉽게 접근할 수 없는 공공 빅 데이터를 활용할 수 있는 체제를 만든다든가, 정부출연연구소나 대학의 연구 결과는 물론 군사용 첨단 기술을 민간이 활용할 수 있는 방안을 강구하는 것도 좋은 방법이다.

군사용 첨단 기술의 민간 활용이 중요한 이유는 대부분의 군사 기술은 정부에서 경제성을 고려하지 않고 막대한 비용을 들여서 개발하기 때문이다. 국민의 막대한 세금을 들여 개발된 기술이 국민을 위해 활용될 수 있도록 하는 것은 정부의 당연한 의무다.

청년 창업을 활성화하기 위해서는 이스라엘처럼 군 복무 기간을 창업 훈련으로 활용하는 방법도 생각해볼 수 있다. 덴 세노르의 『창업국가』를 보면, 청년들이 한국처럼 군 의무 복무를 해야 하는 이스라엘에서는 군대 생활에서 청년 창업 정신과 스킬을 배울 수 있도록 배려하고 있다.

한국에서는 군대 다녀오는 2년여의 기간을 허비하는 것으로 생각하는 경우가 많은데, 군대생활을 하는 동안 기술도 배우고, 팀워크, 협동정신 등을 체계적으로 배워서 창업에 도움이 되도록 정부 정책을 세우면 어떨까. 국방의 의무는 당연하게 수행해야 하지만, 덤으로 창업 정신과 스킬까지 배울 수 있다면 청년들에게도 국가에도 좋은 일이 아니겠는가.

에필로그

직장인 서바이벌,
지속적인 교육이 필요하다

새로운 시대가 오면 일부 사회 구성원들은 새로운 패러다임에 맞춰 미래를 대비하려고 하고, 일부는 기존 패러다임에 맞춰 행동하면서 사회 갈등이 커지게 된다. 그런데 사회제도가 새로운 패러다임에 맞춰 개선되지 못하면, 새로운 패러다임에 맞춰 행동하는 사회 구성원들의 노력이 힘을 받지 못하고 결국 사회 전체의 경쟁력이 떨어지게 된다.

인공지능 시대를 맞아 실업률이 높아지는 가장 큰 이유가 직장인들의 자기계발 노력이 부족하기 때문이라고 몰아붙이는 것은 신자유주의 논리의 횡포다. 인공지능 시대에 맞는 능력을 계발하는 것이 물론 힘들지만, 설사 그런 능력을 갖춘다고 하더라도 일자리를 갖게 된다는 보장이 없다.

스탠퍼드 대학교 교수이자 남아프리카에서 빈곤퇴치 운동을 주도하고 있는 제임스 퍼거슨은 그의 저서 『분배정치의 시대』에서 이런 논리의 모순에 대해 다음과 같이 말하고 있다.

"'어떤 사람에게 물고기를 주면 한 끼를 배불리게 해줄 수 있지만, 물고기 잡는 법을 가르쳐주면 평생을 배불리게 줄 수 있다'는 속담이 있다. 하지만 이 속담을 산업사회, 즉 자본주의 사회에서 자본가들이 노동자들에게 일을 해야만 먹을 것을 주겠다는 위협으로 해석할 수도 있다. 오늘날의 어업은 과거와 달리 아시아의 양식업에 상당 부분 의존하며, 일반 어업의 경우 고도로 자본화·기술화된 특정 기업들이 독점하는 상태다."

따라서 물고기 잡는 법을 아는 것이 인공지능 시대의 생존 전략이라는 주장은 무책임한 가르침이라고 반박하고 있다. 즉 자본주의 체제에서 자본가들은 노동자들이 빈곤을 벗어나지 못하는 이유가 물고기 잡는 법을 배우지 못해서라고 핑계를 대면서, 그들의 물고기는 자본을 앞세운 양식업으로 키우고 있다는 것이다. 이런 상황에서는 노동자들이 아무리 물고기 잡는 법을 배우더라도 일자리를 찾을 수 없는 것은 너무나 자명하다.

그렇다면 물고기 잡는 법을 가르쳐주는 데서 한 걸음 더 나아가 인공지능 시대가 되어 어떤 사람에게 자기 대신 물고기를 잡는 일을 해줄 로봇을 주면, 그 사람은 어떻게 될까?

물론 물고기를 잡던 그 사람의 일자리는 사라지겠지만, 관점을 조금만 바꾸면 그 사람에게 보다 중요하고 흥미로운 일들에 더 많은 시간과 에너지를 쏟을 수 있는 기회를 제공할 수도 있게 될 것이다. 물론 이처럼 힘든 노동은 인공지능에게 맡기고, 인간은 즐겁게 일을 할 수 있는 여건을 만들기 위해서는 그에 맞는 사회제도 개선이 이루어져야 한다.

산업사회에서 직장에 들어가기 위해서는 10년이 넘게 교육을 받는다. 하지만 학교에서 받은 교육은 대부분 인공지능이 대체할 수 있는 내용이다. 인공지능 시대에 적합한 인재로 거듭나기 위해서는 기존에 학교에서 받았던 교육과 완전히 다른 새로운 교육을 받아야만 한다.

새로운 교육 내용에 가장 먼저 포함되어야 할 내용은 '인공지능 시대의 패러다임'을 이해하는 것이다. 인공지능 시대에 가장 필요한 교육은 인간이 삶의 주인공이 될 수 있는 소양을 키우는 내용이어야 한다.

인간이 인공지능의 주인이 될 수 있는 능력을 키우는 교육이 되지 않으면 인공지능의 노예로 전락할 수 있기 때문이다. '나는 누구인가?', '나는 무엇을 위해 사는가?' 등의 철학적 질문에 대해 고민하고 답을 찾으려고 끊임없이 노력하는 교육이 가장 먼저 필요한 이유다.

인공지능 시대에 필요한 인재가 갖춰야 할 조건으로 창의성과 더불어 소통과 협력 능력을 가장 많이 꼽는다. 여기서 창의성과 소통·협력 능력은 완전히 다른 능력이 아니라 서로 연결되어 있는 능력이다.

우선 창의성과 소통·협력 능력을 갖추기 위해서는 앞서 강조한 주체적인 삶의 철학이 있어야 한다. 남에게 절대적으로 의존하는 삶을 사는 노예는 창의성을 가질 수 없고, 소통·협력 능력을 갖출 필요가 없다. 창의성과 소통·협력 능력을 갖추기 위해서는 자신의 주체적 사고가 뚜렷해야 하지만, 자신과 다른 생각도 존중하는 열린 마음이 필수적이다.

문제는 사회에서 창의적인 인재가 필요하다고 역설하면서도 실제로는 창의적인 인재를 밀어내는 경향이 있다는 점이다. 『창의성을 타고나다』에서 펜실베이니아대 스콧 코프먼 교수는 대부분의 사회와 개인은 창의성을 배척하려는 편견을 지니고 있다고 주장한다.

그는 그 이유를 인간 두뇌는 선천적으로 위험회피 성향이 높기 때문에,

불확실성을 줄이기 위해 안전하고 관습적인 것을 선호하며 불편함을 주는 창의적 의견을 무의식적으로 피하기 때문이라고 지적한다. 셸리 카슨 하버드대 심리학 교수도 『우리는 어떻게 창의적이 되는가』에서 성인들의 80퍼센트는 '다르게 생각하기'를 불편해 한다는 연구 결과를 내놓고 있다.

창의적인 인재는 사회적 비난을 극복하고 성공했을 때에만 창의적이라고 평가받고 대부분의 경우에는 비합리적이고 쓸데없는 괴짜라고 비난받는 게 현실이다. 인공지능 시대에 필요한 창의적 인재가 사회에 제대로 적응하도록 하기 위해서는 소통·협력 능력을 갖춘 인재가 되도록 교육 체제를 재편하여야 한다.

인공지능 시대에 필요한 소통·협력 능력을 갖춘 창의적인 인재를 키우기 위해서는 새로운 생각과 시도를 개인과 사회가 개방적으로 받아들이는 열린 문화가 조성되어야 한다. 이를 위해서 가장 좋은 방법은 어릴 때부터 서로 질문하고 토론하는 교육 체계를 만드는 것이다. 질문과 토론을 통해 다른 사람의 의견을 받아들이는 열린 마음 자세를 가지도록 해야 소통·협력 능력을 키울 수 있다.

열린 마음을 갖도록 하기 위해서는 다양한 분야의 책을 읽고 다른 사람의 생각을 받아들이는 훈련을 하도록 하는 것이 중요하다. 직장인들에게 주체적인 삶을 살면서 창의적이고 소통·협력 능력을 키워주려면 책을 읽고 토론을 할 수 있는 기회를 제공하는 것이 큰 도움이 된다.

정보와 지식이 넘쳐나는 인공지능 시대에 굳이 책을 읽어야 하느냐고 반문할 수 있다. 하지만 이는 아주 큰 오해다. 책이 인공지능 시대에 맞는 인재를 키우는 데 도움이 되는 이유는 책을 통해 다양한 의견을 접하면서 다른 사람의 의견을 받아들이는 열린 마음을 갖도록 하기 때문이다.

자기와 다른 의견을 받아들이지 않는 사람은 주체적인 삶에 대한 철학을 키울 수 없고, 창의성과 소통·협력 능력을 키울 수 없다.

현재 직장인들은 산업사회에서 교육받고, 직장생활을 시작했기 때문에 인공지능 시대의 패러다임에 익숙하지 않다. 따라서 앞서 제시한 주체적인 삶을 살면서 창의적이고 소통·협력 능력을 갖춘 인재로 거듭나기 위한 재교육이 필수적이다. 앞으로 평생직장, 평생 직업이 사라지는 인공지능 시대에는 현재처럼 직장에 들어가기 전에 한 번 받고 마는 교육이 아니라 유럽의 리커런트 교육(Recurrent Education)처럼 수시로 받는 평생 교육 시스템을 정부가 마련해야 한다.

현재도 정부가 직장인 재교육을 실시하고 있지만, 주로 재취업을 위한 직업 교육에 치중되어 있다. 산업사회의 직업이 사라지는 인공지능 시대에 직업교육은 실효성이 떨어진다. 만약 미용, 요리 등 직업 교육을 한다 하더라도 현재처럼 취업을 위한 교육이 아니라, 취미생활 내지 과거에 하지 못했던 일을 다시 해보기 위한 교육으로 목적이 바뀌어야 한다. 교육 내용도 기능 위주가 아닌 생각의 힘을 길러주는 교육으로 바뀌어야 한다.

인공지능에겐 힘든 노동을, 인간에겐 행복한 일과 삶을. 공유와 상생의 패러다임을 지향하는 인공지능 시대를 기원한다.

참고도서

KBS(명견만리) 제작팀, 『명견만리-정치, 생애, 직업, 탐구 편』, 2017, 인플루엔셜
KBS(명견만리) 제작팀, 『명견만리-윤리, 기술, 중국, 교육 편』, 2017, 인플루엔셜
MBN 일자리보고서팀, 『제4의 실업』, 2017, 매일경제신문사
고평석, 『제4의 물결, 답은 역사에 있다』, 2017, 한빛비즈
곽수종, 『세계경제 판이 바뀐다.』 2012, 글로세움
곽숙철 외, 『프리워커로 사는 법』, 2018, 매일경제신문사
김근배, 『애덤 스미스의 따뜻한 손』, 2016, 중앙books
김민섭, 『대리사회』, 2016, 와이즈베리
김헌식, 『새로운 트렌드가 온다』, 2015, 새로운 제안
노규성, 『플랫폼이란 무엇인가』, 2014, 커뮤니케이션북스
다니엘 라벤토스, 『기본소득이란 무엇인가』, 2016, 책담
다다 마헤슈와라난다(다다 칫따란아난다), 『자본주의를 넘어』, 2014, 한살림
도유진, 『디지털 노마드』, 2017, 남해의봄날
로버트 J. 고든, 『미국의 성장은 끝났는가』, 2017, 생각의힘
로버트 J. 실러 외, 『새로운 부의 시대』, 2015, 알키
로버트 라이시, 『자본주의를 구하라』, 2016, 김영사
리처드 돕스 외, 『미래의 속도』, 2016, 청림출판
리처드 서스킨드 외, 『4차 산업혁명 시대, 전문직의 미래』, 2016, 와이즈베리
리처드 왓슨, 『인공지능 시대가 두려운 사람들에게』, 2017, 원더북스
리처드 하인버그, 『제로 성장 시대가 온다』, 2013, 부키
마셜 밴 앨스타인 외, 『플랫폼 레볼루션』, 2017, 부키
마조리 켈리, 『주식회사 이데올로기』, 2013, 북돋움
바버라 에런라이크, 『노동의 배신』, 2012, 부키
박영숙, 제롬 글렌, 『일자리 혁명 2030』, 2017, 비즈니스북스
배리 아이켄그린, 『달러 제국의 몰락』, 2011, 북하이브
베르나르 스티글래르, 『고용은 끝났다, 일이여 오라』, 2018, 문학과지성사
벤 세노르, 사울 싱어, 『창업국가』, 2010, 다홀미디어
복거일, 『정의로운 체제로서의 자본주의』, 2005, 삼성경제연구소
선대인, 『문제는 경제다』, 2012, 웅진지식하우스
선대인, 『일의 미래: 무엇이 바뀌고 무엇이 오는가』, 2017, 인플루엔셜
스티븐 J. 맥나미 외, 『능력주의는 허구다』, 2015, 사이
실벵 다르니 외, 『세상을 바꾸는 대안기업가80인』, 2006, 마고북스
실비아 나사르, 『사람을 위한 경제학』, 2013, 반비

안광호, 『삼성붕괴 시나리오』, 2010, 다산북스
앤서니 B. 앳킨스, 『불평등을 넘어』, 2015, 글항아리
에릭 슈미트 외, 『구글은 어떻게 일하는가』, 2014, 김영사
유시민, 『부자의 경제학 빈민의 경제학』,1992, 푸른나무
이매뉴얼 월러스틴 외, 『자본주의는 미래가 있는가』, 2014, 창비
이재홍, 『4차 산업혁명 시대 대한민국의 기회』, 2017, 메디치
이종관, 『포스트휴먼이 온다』, 2017, 사월의책
임춘성, 『매개하라』, 2015, 쌤앤파커스
정승일, 『누가 가짜 경제민주화를 말하는가』, 2017, 책담
제러미 리프킨, 『한계비용 제로 사회』, 2014, 민음사
제리 카플란, 『인공지능의 미래』, 2017, 한즈미디어
제임스 퍼거슨, 『분배정치의 시대』, 2017, 여문책
제프 자비스, 『공개하고 공유하라』, 2013, 청림출판
제프 콜빈, 『인간은 과소평가 되었다』, 2016, 한스미디어
제프리 디 세인트 크로익스, 『계급 소외 차별』, 2017, 책갈피
조병학, 박문혁, 『2035 일의 미래로 가라』, 2017, 인사이트앤
존 매카 외, 『돈 착하게 벌 수 없는가』, 2014, 흐름출판
지그문트 바우만 외, 『거대한 후퇴』, 2017, 살림
진노 나오히코, 『나눔의 경제학이 온다』, 2013, 푸른지식
최윤식, 『미래학자의 인공지능 시나리오』, 2016, 코리아닷컴
최윤식, 조현식, 『제4의 물결이 온다』, 2017, 지식노마드
칼 폴라니, 『거대한 전환』, 2009, 길
케빈 켈리, 『인에비터블』, 2017, 청림출판
클라우스 슈밥, 『클라우스 슈밥의 제4차 산업혁명』, 2016, 새로운현재
타일러 코웬, 『4차 산업혁명, 강력한 인간의 시대』, 2017, 마일스톤
토마 피케티, 『21세기 자본』, 2014, 글항아리
토머스 프리드먼, 『늦어서 고마워』, 2017, 21세기북스
팀 던럽, 『노동 없는 미래』, 2017, 비즈니스맵
폴 메이슨, 『포스트 자본주의의 새로운 시작』, 2017, 더퀘스트
플래텀 미디어팀, 『스타트업 전성시대』, 2016, 북돋움
하수정, 『북유럽 비즈니스 산책』, 2017, 한빛비즈
한석희 등, 『인더스트리 4.0』, 2015, 페이퍼로드
함유근, 채승병, 『빅데이터, 경영을 바꾸다』, 2012, 삼성경제연구소

인공지능 시대 서바이벌 리포트
인공지능 AI 공존 패러다임

1판1쇄 인쇄일 2019년 1월21일
1판1쇄 발행일 2019년 1월25일

ISBN 978-89-94803-54-8 03320

지은이 김송호
펴낸이 류희남
디자인 디자인오감

펴낸곳 물병자리
출판등록 1997년 4월14일(제2-2160호)
주소 서울시 종로구 새문안로5가길11, 옥빌딩 801호
전화 02-735-8160
팩스 02-735-8161
홈페이지 www.aquariuspub.com
이메일 aquari5@naver.com

"이 도서는 한국출판문화산업진흥원의 출판콘텐츠 창작 자금 지원 사업의 일환으로 국민체육진흥기금을 지원받아 제작되었습니다."

이 도서의 국립중앙도서관 출판예정도서목록(CIP)은 서지정보유통지원시스템 홈페이지(http://seoji.nl.go.kr)와 국가자료종합목록시스템(http://www.nl.go.kr/kolisnet)에서 이용하실 수 있습니다.
(CIP제어번호 : CIP2019001829)